Richa

und

der Buddhismus

Richard Wagner

und

der Buddhismus

von Urs App

UniversityMedia
2011

Copyright © 2011 by Urs App
Published by UniversityMedia, Rorschach / Kyoto
www.universitymedia.org
All rights reserved. Alle Rechte vorbehalten.

Printed on acid-free and lignin-free paper
Gedruckt auf säurefreiem, ligninfreiem und alterungsbeständigem
Papier

Bibliografische Information der Deutschen Nationalbibliothek
Detaillierte bibliografische Daten sind über http://d-nb.de
abrufbar.

Library of Congress Cataloging-in-Publication Data
App, Urs, 1949–
      Richard Wagner und der Buddhismus / Urs App.
      p. cm. — (UniversityMedia, East-West Discovery)
      Includes bibliographical references and index
      ISBN 978–3–906000–10–7 (acid-free paper)
      1. Asia—Religion—Buddhism—19th century.
      2. Music—Opera. 3. Richard Wagner (1813–1883).
      4. History—Europe—Intellectual life—19th century.
      5. Philosophy—Schopenhauer—East-West relations
I. Title.

ISBN 978–3–906000–10–7

Abb. 1: Schopenhauers Buddha

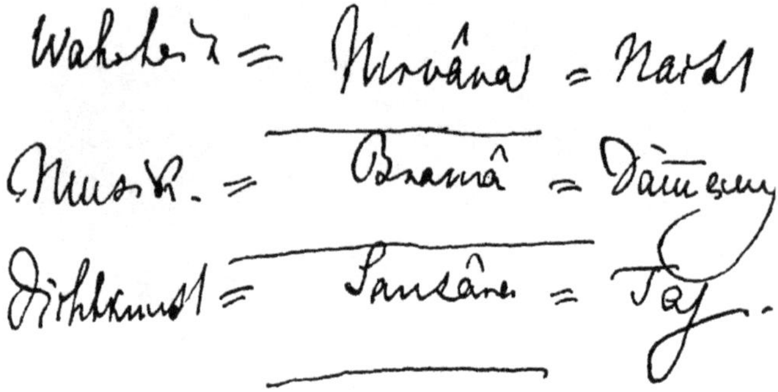

Wahrheit=	Nirvâna=	Nacht
Musik. =	Bramâ =	Dämmerung
Dichtkunst=	Sansâra =	Tag.

Abb. 2: Richard Wagner: Notiz im *Braunen Buch* vom Mai 1868

Inhaltsverzeichnis

Verzeichnis der Abbildungen

Vorwort und Widmung

Dieser Text gibt meinen Vortrag zum 140. Jahrestag von
Wagners Konzept von *Die Sieger*, gehalten am 15. Dezember
1996 im Museum Rietberg in Zürich, wieder. Für die erste
Druckversion (Museum Rietberg, Zürich) fügte ich damals
Anmerkungen, eine Zeittafel und ein Literaturverzeichnis
hinzu. Für die hier erscheinende, geringfügig erweiterte und
bereinigte Version waren im Text nur wenige Verbesserun-
gen nötig. Seit 1996 sind jedoch – u.a. vom Verfasser – ver-
schiedene Studien zu Wagners und Schopenhauers Bezügen
zum Buddhismus erschienen, welche die LeserInnen dieses
Buches interessieren könnten. Deshalb wurde die Bibliogra-
fie bis 2010 nachgeführt. Außer mehreren neu hinzugefüg-
ten Abbildungen weist diese Neuausgabe auch ein Register
auf. Alle Übersetzungen stammen, wenn nicht anders ver-
merkt, vom Verfasser.

In der East-West Discovery Reihe von UniversityMedia ist
eine englische Version dieses Buches erschienen: *Richard
Wagner and Buddhism* (ISBN 978-3-906000-00-8). Frühe
orientalische Einflüsse auf Wagners Buddhismus-Mentor
Schopenhauer sind Thema eines weiteren Buches dieser Reihe: Urs App, *Schopenhauers Kompass*. ISBN 978-3-906000-
08-4 (gebunden) und 978-3-90600-02-2 (Taschenbuch).

Mein Dank für das Schüren und Teilen von hier ausgedrück-
ten Interessen und für anregende Diskussionen gilt meinen
St. Galler Freunden Steffi Osterwalder, Dr. Joseph Osterwalder und André Wicky, denen dieses Buch gewidmet ist.

Wagners Buddhistisches Opernprojekt

Ende Mai 1849 gelang es dem steckbrieflich gesuchten
36-jährigen Dresdener Revolutionär Richard Wagner,
seinen Häschern mit dem abgelaufenen Pass eines Freundes
zu entkommen und in meine Heimatstadt Rorschach am
Schweizer Bodenseeufer zu gelangen. Dies war auch der Ge-
burtsort von Wilhelm Baumgartner, Liederkomponist und
Universitätsmusikdirektor in Zürich, der den bereits durch
Rienzi, den *Fliegenden Holländer*, *Tannhäuser* und bald auch
Lohengrin berühmten Komponisten Wagner tags darauf den
Zürcher Staatsschreibern Hagenbuch und Sulzer vorstellte.
Wagner las ihnen sein Opernprojekt *Siegfrieds Tod* vor und
gewann so nicht nur treue Freunde, sondern auch eines der
kürzesten Passverfahren der Geschichte: einen Reisepass
für einen Asylbewerber innerhalb von zwei Tagen! Als der
Künstler sich kurz darauf in Zürich niederließ, brachte ihm
Baumgartner eine Schrift des Philosophen Ludwig Feuerbach in sein Stübchen am Rennweg: *Gedanken über Tod und
Unsterblichkeit*. Der Einfluss dieses und weiterer Werke Feu-
erbachs zeigt sich klar in den ersten Schriften, die Wagner
in Zürich verfasste; Wagners *Kunstwerk der Zukunft* vom
selben Jahr war gar Feuerbach gewidmet. Im Januar 1851,
als Wagner sein Buch *Oper und Drama* fertigstellte und es
seinem Freundeskreis zwölf Abende lang vorlas, kam auch
der bekannte deutsche Revolutionsdichter Georg Herwegh
nach Zürich und ließ sich auf dem Sonnenbühl an der Zü-
richbergstraße nieder. Der mit Ludwig Feuerbach und Karl
Marx befreundete Herwegh wurde schnell zum ständigen
Begleiter Wagners.

Im Sommer 1851 verfasste Wagner die Abhandlung *Eine Mitteilung an meine Freunde*, welche einen neuen Abschnitt in seinem Künstlerleben einläuten sollte. In dieser Mitteilung erläutert Wagner den Konflikt Elsa–Lohengrin in einer von Feuerbach inspirierten Weise:

*Was ist nun das eigentümlichste Wesen dieser menschlichen Natur, zu der die Sehnsucht nach weitesten Fernen sich, zu ihrer einzig möglichen Befriedigung, zurückwendet? Es ist die **Notwendigkeit der Liebe**, und das Wesen dieser Liebe ist in seiner wahrsten Äußerung Verlangen nach **voller sinnlicher Wirklichkeit**, nach dem Genusse eines mit allen Sinnen zu fassenden, mit aller Kraft des wirklichen Seins fest und innig zu umschließenden Gegenstandes.*

Ende 1851 weilte der zu psychosomatischen Krankheiten neigende Künstler in der Wasserkuranstalt Albisbrunn zu Hausen am Albis, wo er den Gesamtaufbau vom *Ring des Nibelungen* konzipierte. Kaum in Zürich zurück, versuchte er auch schon mit Hilfe von Herwegh, Ludwig Feuerbach zu einem Aufenthalt oder gar zur Niederlassung in Zürich zu bewegen, was aber nicht gelang.

Dafür trafen Otto und Mathilde Wesendonck in Zürich ein und kauften sich das herrliche Grundstück auf dem Gabler, wo sie anschließend die herrliche Villa bauen ließen, welche heute das Museum Rietberg beherbergt. Während Frau Minna den Musiker mit furchtbarem Gezänk ärgerte[1], erfüllte ihn, wie er in einem Brief schrieb, Mathildes "feuchtglänzendes Frauenauge" mit "neuer Hoffnung" und konnte dem Gequälten "ab und zu ein wohliges Bewusstsein" seines Daseins geben[2].

Abb. 3: Villa Wesendonck mit "Asyl" (kleines Haus rechts),
wo Wagner im Jahre 1856 sein buddhistisches Opern-Projekt
Die Sieger ersann (Foto in Kapp 1915, S. 128)

In der im Frühsommer 1852 in Flunterns Pension Rinder-
knecht (Hochstraße 56–58) ausgearbeiteten Dichtung zur
Walküre schlug sich solches zum Beispiel in Siegmunds
Worten im 1. Akt nieder:

Nächtiges Dunkel
deckte mein Aug';
ihres Blickes Strahl
streifte mich da:
Wärme gewann ich und Tag.[3]

Durch Herwegh lernte Wagner den Journalisten François
Wille und dessen Frau Eliza kennen, die im Gut Mariafeld
in Meilen wohnten. Dort las Wagner im Dezember 1852
in privatem Kreise seine Ringdichtung erstmals vor. Am
Schluss des gewaltigen Werkes verkündet die todgeweihte
Brünnhilde ihr Fazit:

Selig in Lust und Leid
lässt — die Liebe nur sein.

Einige Monate später, nachdem ein Privatdruck der Ringdichtung in 50 Exemplaren in Zürich erschienen war, erläu-
terte Wagner seinem Freund Franz Liszt diese Schlussstro-
phen wiederum in von Feuerbachscher Liebesethik und
Optimismus geprägten Worten:

Ich habe den Glauben an die Zukunft des Menschengeschlechtes,
und diesen ziehe ich einfach aus meinem Bedürfnisse; es ist mir
gelungen die Erscheinungen der Natur und der Geschichte mit
der Liebe und Unbefangenheit über ihr wahres Wesen zu be-
trachten, dass ich nichts schlechtes an ihnen inne werden konnte,
als — die Lieblosigkeit. Auch diese Lieblosigkeit konnte ich mir
aber nur als eine Verirrung erklären, als eine Verirrung, die uns
aus dem Zustande des natürlichen Unbewusstseins zum Wissen
von der einzig schönen Nothwendigkeit der Liebe bringen muss
. . . [4]

Zwei Tage nach der Niederschrift dieses Briefes zog Wagner in die Wohnung am Zeltweg 13 um und stattete sie
kostspielig aus; denn während der Künstler beim Dichten
vergleichsweise spartanisch leben konnte, benötigte er fürs
Komponieren kostbare Teppiche, samtene Vorhänge, seide-
ne Mäntel und schwere Parfüms. Kurz darauf feierte er seinen vierzigsten Geburtstag mit dem öffentlichen Vortrag der
Libretti von *Fliegendem Holländer*, *Tannhäuser* und *Lohen-*
grin an drei Abenden und anschließend mit drei Aufführungen von Ausschnitten aus diesen Opern, die den Höhepunkt
des Zürcher Musiklebens im neunzehnten Jahrhundert dar-
stellten und mit einem Fackelzug und europaweiten Presse-
berichten gefeiert wurden.

Im Herbst 1854, als Wagner sich immer mehr in Mathilde Wesendonck verliebte und seine Gefühle rotglühend in
die Komposition des ersten Aktes der *Walküre* goss, brachte
ihm Freund Herwegh Arthur Schopenhauers Hauptwerk
Die Welt als Wille und Vorstellung ins Haus. Kurz darauf
schrieb Wagner in einem Brief:

*Ein großes Geschenk ist mir jedoch geworden durch die Bekannt-
schaft mit den Werken des großen (35 Jahre lang absichtlich von
den Professoren ignorirten) Philosophen* **Schopenhauer**. *Seine
Hauptwerke musst Du Dir sogleich kommen lassen: 'Die Welt
als Wille und Vorstellung' Leipzig. Brockhaus: dann 'Parerga
und Paralipomena' Berlin, A. W. Hayn.*[5]

Schopenhauer, so betont Wagner kurz nach der Vollendung
des Kompositionsentwurfes der *Walküre* (29.12.1854), habe
ihm seine eigene Ringdichtung erst richtig klar gemacht:

*Alles, was in mir bereits voll und fertig war, was ich eigentlich in
meiner Wodans-Dichtung schon bestimmt dargestellt habe, hat
dieser klare, tiefe und gewaltige Geist mir vollends zum sicheren
Bewusstsein gebracht: die einzig mögliche Erlösung durch die
ernsteste Entsagung.*[6]

In Schopenhauers Werken wurde statt des Christentums
eine Religion als "beste aller möglichen" gelobt, welche Wagner und den meisten seiner Zeitgenossen gänzlich unbe-
kannt war: der "Buddhaismus". Die Übereinstimmung dieser Religion mit Schopenhauers Philosophie, die der damals
noch in Frankfurt lebende Philosoph unermüdlich betonte,
bestimmte Wagners eigene Sicht des Buddhismus bis zu seinem Tod[7]. Bevor wir uns Wagners Beschäftigung mit dem
Buddhismus zuwenden, die u.a. in ein wichtiges Opernpro-

jekt mündete und in der Zeittafel im Anhang jeweils durch fettgedruckte Einträge gekennzeichnet ist, blenden wir deshalb in Wagners Geburtsjahr 1813 zurück. Damals hatte der fünfundzwanzigjährige Schopenhauer aus der herzoglichen Bibliothek in Weimar das *Asiatische Magazin* ausgeliehen und darin einen Artikel über die "Fo-Religion in China" gelesen, der von der Hand des jungen Sinologen Julius Klaproth zu stammen schien.[8] Da wurde gesagt, dass die Fo-Religion[9] "eine der ausgebreitetsten der Welt sei": "alle Völker von Mustag bis an die Ostküsten von Japan" hätten sie nämlich "mit mehr oder weniger Modificationen angenommen". Sie sei von der Religion der Brahmanen verschieden, und ihr oberster Diener in Tibet werde "Dalai-Lahma" genannt. Ihr Hauptgrundsatz sei die Seelenwanderung und die "Lehre vom Leeren und Wüsten"—d.h. das, was wir heute als die śūnyatā-Lehre des Mahāyāna-Buddhismus kennen.

Außer solchen frühen Informationen über den Buddhismus enthielt das *Asiatische Magazin* auch die erste deutsche Übersetzung des *Bhagavad Gita*, des vielleicht größten philosophischen Gedichtes der Weltgeschichte. Darin begegnete Schopenhauer Lehren, welche sich perfekt mit dem von ihm selbst entwickelten dualistischen Schema eines "empirischen", sündhaften, in Raum-Zeit-Kausalität verstrickten Bewusstseins und eines davon befreiten "besseren Bewusstseins" vertrugen und eine wichtige Rolle bei der Entstehung von Schopenhauers Willensmetaphysik spielten. Ein analoges Schema findet sich auch bei Wagner, wie Charles Baudelaire beobachtete: "*Tannhäuser* stellt den Kampf der zwei Prinzipien dar, die das menschliche Herz zu ihrem Hauptschlachtfeld erwählt haben, d. h. des Fleisches mit dem Geiste, der Hölle mit dem Himmel, Satans mit Gott."[10] Auch die Tag / Nacht-Symbolik des *Tristan*, welcher wir später

16

noch einmal begegnen werden, kann in diesem Zusammenhang angeführt werden.

Schopenhauer vertiefte sich als nächstes in Anquetil-Duperrons lateinische Übersetzung von fünfzig Upanischaden, das
1801–2 erschienene *Oupnek'hat* (siehe Literaturverzeichnis). Der französische Indienreisende Anquetil hatte jedoch
schon lange vor dieser epochemachenden Veröffentlichung
die zentrale Maja-Lehre der Upanischaden wie folgt erklärt:

*Ich habe das verglichen, was über die Maja in den **Oupnek'hats**
Nr. 6, 8, 13, 26, 41 und 50 gesagt ist. Dieses Prinzip ist das
Grundverlangen [amour original], das Verlangen nach **Brahm**,
nach **Atma**, im Unterschied zu und gleichsam getrennt von der
Erkenntnis. Vermischt mit dieser **Quelle des Lichtes**, der Erkenntnis, hat es alles, was existiert, hervorgebracht; das heißt,
dass es alle Wesen einzeln **erscheinen ließ und fortwährend
erscheinen lässt**, welche deshalb nichts als **Erscheinungen** sind.
Der Mensch ist der Meinung, dies seien wirklich existierende
Einzelwesen: dies ist die Unwissenheit, welche der **Maja** entspringt. In Wirklichkeit gibt es aber nur ein einziges und selbes
Wesen, welches sich durch die **Maja** ständig als diese Mannig-
faltigkeit der Formen zeigt, welche unser aktuelles Universum
konstituieren.*[11]

In dieser Erklärung Anquetils sehen wir einige zentrale Ele-
mente von Schopenhauers philosophischem System, welches Wagner so tief beeinflussen sollte:
1. den *Idealismus* (Welt als Erscheinung, Illusion; primärer
   Wille und sekundäre Erkenntnis);
2. den sogenannten *Pessimismus*[12] (Grundbegehren, Sünde,
   Unfreiheit, Erlösungsbedürfnis, Ich-Illusion, Egoismus);
   und schließlich

3. einen ausgeprägten *Erlösungsoptimismus*[13] (Erlösung
   durch Erkenntnis, Durchbrechen von *Maja*, Ablegen der
   Ich-Illusion, Einheit von Ich und Anderem).

Was Schopenhauer aber nicht ahnen konnte, ist das Aus-
maß, in welchem Anquetil-Duperrons Upanischaden-Inter-
pretation vom buddhistischen Idealismus Indiens und von
der islamischen Mystik (Sufismus) geprägt war. Der Text
war ja zuerst vom Team eines Sufi, des indischen Kronprin-
zen Dārā Shikoh (1615–1659), aus dem Sanskrit ins Persi-
sche übertragen worden, wobei u.a. auch Kommentare des
vom Buddhismus beeinflussten indischen Denkers Shanka-
ra (8. Jahrhundert) in die Übersetzung eingeflochten worden waren. Sogar Schopenhauers Sicht des "Brahmanismus"
(Hinduismus) war also ohne sein Wissen auch buddhistisch
gefärbt. Das von Anquetil so genannte Grundverlangen
(*amour original*) entspricht im Buddhismus dem "Durst"
(*tṛṣṇā*) oder der "Gier" (*taṇhā*) und seine *ignorance* der Unwissenheit (*avidyā*). Wie aufnahmebereit Schopenhauer für
die Lehren des Buddhismus war, zeigt eine Notiz der Zeit
vom Sommer 1816 (um den Beginn der Niederschrift seines Hauptwerkes) welche als Kommentar zur ersten Edlen
Wahrheit des Buddhismus, "Alles ist Leiden", dienen kann:

*Der Jammer des Lebens geht schon genugsam aus der einfachen
Betrachtung hervor, dass das Leben der allermeisten Menschen
nichts ist als ein beständiger Kampf um diese Existenz selbst, mit
der Gewissheit ihn zuletzt zu verlieren. Ist nun aber die Noth
weit zurückgedrängt und ihr ein Stück des Feldes abgewonnen,
so tritt sogleich furchtbare Leere und Langeweile ein, gegen welche der Kampf fast noch quälender ist. Dieses daher weil der
Mensch an sich Erscheinung des Willens ist, sein Daseyn daher
in beständigem rastlosen Wollen und Streben bestehn muss; ist*

ihm dieses durch die Befriedigung entnommen, so entsteht eben jene Leere durch die er sich selbst zur Last ist. [...] Das Wollen selbst aber wiederum muss den Mangel, folglich das Leiden zur Unterlage haben. So ist von allen Seiten das Leben wesentlich ein Leiden.[14]

Wir werden dieses "rastlose Wollen und Streben" auch bald in Wagners Erklärung zur Einleitung von *Tristan und Isolde* wieder finden. Die zweite der vier Edlen Wahrheiten des Buddhismus nun, die im Pali-Kanon der Buddhisten niedergelegt ist, hört sich dagegen fast wie ein Kommentar zur Notiz des jungen Philosophen an:

Dies, o Mönche, ist die Edle Wahrheit von der Leidensentstehung: Es ist die Wiedergeburt bewirkende, wohlgefällige, mit Leidenschaft verbundene Gier (taṇhā), die hier und dort Gefallen findet, nämlich: die Gier nach Lust, die Gier nach Werden, die Gier nach Vernichtung.[15]

Es mag auf den ersten Blick befremden, dass hier auch von einer Gier nach Vernichtung die Rede ist. Dass diese Gier nach dem Entwerden auch eine Gier ist, wird von Kommentatoren oft übersehen, welche Wagners *Tristan und Isolde* für "buddhistisch" halten[16]. Es ist nun für das jetzige Thema sehr wichtig, dass das Wort *amour* bei Anquetil-Duperron im Sinne des buddhistischen "Durstes" und des schopenhauerschen "rastlosen Strebens und Wollens" erscheint. Sein *amour original* bezeichnet des Menschen grundlegendste Krankheit, welche sich in seiner wahnhaften Individualität (Einzelseele, Egoismus) zeigt. Dieser *amour original* formt den Grund der Maja, der weltumspannenden Illusion. Schopenhauer erfasste diesen Gedanken sogleich in voller Tiefe. So schrieb er in seinem Hauptwerk:

*Auch die Maja der Inder, deren Werk und Gewebe die ganze Scheinwelt ist, wird durch **amor** paraphrasiert.*[17]

Durch die Informationen über den Buddhismus, welche der Philosoph in den nächsten Jahrzehnten fleißig zusammentrug und Lesern wie Wagner und seinen Zürcher Freunden vorstellte, ergab sich das Bild einer Religion, welche die konfuse Bilderwelt des Hinduismus hinter sich gelassen hatte, um sich auf das Wesentliche zu konzentrieren[18]: 1. das Leiden (*saṃsāra*, Wahn, Unzufriedenheit), 2. dessen Grund (Begehren, Gier), 3. dessen Aufhebung (Erlöschen des Durstes, *nirvāṇa*, Herzensfriede) und 4. den Weg dahin, welcher allerhand Richtlinien einschließt.[19] In den Schriften des Mahāyāna-Buddhismus, den Schopenhauer am meisten schätzte, erscheint die erleuchtete Weisheit (*prajñā*) oft mit ihrem Pendant "Mitleid" (*karuṇā*). Von Wagner verdaut, wurde dieses Begriffspaar bald zum Herzstück eines buddhistischen Opernprojektes und später des *Parsifal*: "Durch Mitleid wissend". Doch Mitleid und Wissen erschienen auch in einem Entwurf Wagners zu einem neuen *Ring*-Schluss, dem wir gleich begegnen werden.

Wagner versuchte wiederholt, sich selbst und seinen Freunden klarzumachen, was Schopenhauer und kurz später auch der Buddhismus bei ihm ausgelöst hatten. In seiner Autobiographie[20] beschrieb er eingehend, wie Schopenhauer ihn von seiner "heiteren griechischen Weltanschauung" zur "Einsicht in die Nichtigkeit der Erscheinungswelt" und zur Entdeckung dieses Grundprinzips aller Tragik in seinen eigenen Kunstwerken geführt habe; die Wirkung von Schopenhauers Werk sei für sein "ganzes Leben entscheidend" gewesen. Im berühmten Brief vom Februar 1855 an seinen inhaftierten Freund Röckel schrieb er, Schopenhauers furchtbare

Wahrheiten hätten ihm eine von seiner früheren "ziemlich abweichende Richtung gegeben"; gleichzeitig betonte er jedoch, diese Wendung habe einzig seinem "tiefleidenden Gefühl vom Wesen der Welt" entsprochen[21]. Anderthalb Jahre später suchte er diese "abweichungslose" Wendung auf die Diskrepanz zwischen künstlerischer Intuition und seinen früheren, von Feuerbach bestimmten philosophischen Ansichten zurückzuführen:

Die Periode, seit der ich aus meiner inneren Anschauung schuf, begann mit dem fliegenden Holländer; Tannhäuser und Lohengrin folgten, und wenn in ihnen ein poetischer Grundzug ausgedrückt ist, so ist es die hohe Tragik der Entsagung, der wohlmotivirten, endlich nothwendig eintretenden, einzig erlösenden Verneinung des Willens. Dieser tiefe Zug ist es, der meiner Dichtung, meiner Musik die Weihe gab, ohne die alles wirklich Ergreifende, was sie ausübt, ihnen nicht zu eigen werden konnte. [...] Wo ich als Künstler mit so zwingender Sicherheit anschaute, dass alle meine Gestaltungen dadurch bestimmt wurden, suchte ich als Philosoph mir eine durchaus entgegengesetzte Erklärung der Welt zu verschaffen.[22]

Dieser Zwiespalt erschien vor allem in der Schlussszene des *Rings*, in welcher Wagners "optimistische" Philosophie die Oberhand über seine "pessimistische" künstlerische Anschauung gewonnen habe. Im selben Brief heißt es:

Doch entsinne ich mich, schließlich meine Absicht gewaltsam einmal zur Geltung gebracht zu haben, und zwar – zum einzigsten Male – in der tendenziösen Schlussphrase, welche Brünhilde an die Umstehenden richtet, und, von der Verwerflichkeit des Besitzes ab, auf die einzig beseligende Liebe verweist, ohne (leider!) eigentlich mit dieser "Liebe" selbst recht ins Reine zu kommen, die wir, im Verlaufe des Mythos, eigentlich doch als recht gründlich verheerend auftreten sahen.[23]

Wagner spielt hier auf den *Ring*-Schluss aus dem Jahre 1852 an, welcher mit den Worten Brünnhildes endet: "selig in Lust und Leid lässt — die Liebe nur sein". Vier Jahre später, unter dem vollen Einfluss von Schopenhauer und Buddhismus, entwarf Wagner einen neuen *Ring*-Schluss. Die zwei so verschiedenen, ja gegensätzlichen Versionen des für die Gesamtinterpretation entscheidenden *Ring*-Schlusses, die Carl Dahlhaus meisterlich beschrieb[24], illustrieren nun einen Zwiespalt, der Wagners Leben und Werk charakterisiert. Plakativ gesagt ist dies der Gegensatz zwischen einer "optimistisch-feuerbachschen" *Erlösung* DURCH *die Liebe* und einer "pessimistisch-schopenhauerisch-buddhistischen" *Erlösung* VON *der Liebe*. Was immer man von Wagners Eigeninterpretationen halten mag: Das "Ins-Reine-Kommen mit der Liebe" ist gewiss ein – oder gar *das* – Grundthema seiner Kunstwerke. Im eben erwähnten Entwurf zu einer Korrektur des *Ring*-Schlusses versucht nun Brünnhilde, mit der "verheerenden" Seite der Liebe auf folgende, schopenhauerisch-buddhistische Weise ins Klare zu kommen[25]:

Aus Wunschheim zieh' ich fort,	(Wille)
Wahnheim flieh' ich auf ewig;	(māyā, avidyā)
des ew'gen Werdens	(Vergänglichkeit)
offne Tore	
schließ ich hinter mir zu:	
nach dem wunsch- und wahnlos	(Verneinung d. Willens)
heiligsten Wahlland,	(Entsagung)
der Welt-Wanderung Ziel,	(nirvāṇa)
von Wiedergeburt erlöst,	(Seelenwanderung)
zieht nun die Wissende hin.	(Weisheit, prajñā)

Alles Ew'gen
seliges Ende
wisst ihr, wie ich's gewann?
Trauernder Minne tiefstes Mitleid   (Mitleid, karuṇā)
schloss die Tore mir auf:
Wer über Alles
achtet das Leben,   (Willensbejahung)
wende sein Auge von mir.
Wer aus Mitleid
der Scheidenden nachblickt,
dem dämmert von fern
die Erlösung, die ich erlangt.   (durch Mitleid wissend)
So scheid' ich grüßend, Welt, von dir! [26]

In diesen beiden Versionen des *Götterdämmerungs*-Schlus-
ses kristallisiert sich also der Gegensatz heraus, den ich in
den Mittelpunkt meiner Diskussion von Wagner und Buddhismus stellen möchte: der Gegensatz zwischen der *Liebe*
als Erlösung ("selig lässt die Liebe nur sein") und der *Liebe*
als Grundproblematik, wie sie in Anquetils *amour original*,
in Schopenhauers "Wille" und im "Durst" des Buddhismus
erscheint. Es geht hier keineswegs nur um einen Konflikt
zwischen philosophischer Theorie und künstlerischer Anschauung, wie es sich Wagner zu erklären versuchte, noch ist
er einfach durch die zeitliche Abfolge erklärbar (früher opti-
mistisch, später pessimistisch). Vielmehr, so meine ich, sind
beide Pole dieses Gegensatzes gleichzeitig als Spannungsfeld
im Kerne von Wagners Opern verankert, wo sie als tragi-
scher Zwiespalt und dramatischer Hauptmotor wirken.
Auf diesen Zwiespalt deutet meiner Ansicht nach ein mit
einem langen Bindestrich verbundenes Begriffspaar, welches
sich auf Wagners letzter geschriebener Seite fand: "Liebe —
Tragik". Auch *vor* Wagners Schopenhauer- und Buddhis-

mus-Lektüre geschaffene Werke wie der *Fliegende Hollän-*
der, *Tannhäuser* und *Lohengrin* können jedoch von diesem
Blickwinkel aus betrachtet werden; in ihnen wird der Pol
"Erlösung *durch* die Liebe" betont, während im *Tristan*, den
Siegern und schließlich im *Parsifal* der Pol der "Erlösung *von*
der Liebe" allmählich ins Zentrum rückt. Es geht hier um ei-
nen zutiefst und grundsätzlich menschlichen Zwiespalt, den
Wagner nachhaltig erlebt und gleichzeitig in überwältigende
Kunstwerke umzusetzen vermocht hat. So zeigen sich seine
Spuren natürlich auch in seinem reich dokumentierten Le-
ben, z. B. in seiner Beziehung zu Mathilde Wesendonck, der
Verfasserin des folgenden Gedichtes:

Was ist Liebe? Selig sterben,
Alles Ich-Seins ewiges Enterben,
Aller Selbstsucht tödtliches Verderben,
Auferstehung im geliebten Wesen,
Alles Erden-Wehes froh Genesen,
Alles Daseins endliches Erlösen. [27]

Am 6. Juli 1858, einen Tag nach Beendigung der Orchester-
skizze zu einem der größten Kunstwerke der Menschheits-
geschichte, dem zweiten Akt von *Tristan und Isolde*, schrieb
Wagner an seine Mathilde: "Die ungeheuren Kämpfe, die
wir bestanden, wie könnten sie enden, als mit dem Siege
über jedes Wünschen und Begehren?" Kaum fünf Monate
später ersann er aber in seinem einsamen Palazzo in Venedig
eine "Erweiterung" und "partielle Berichtigung" von Schopenhauers Philosophie.

Abb. 4: Mathilde Wesendonck (1828–1902)
Gemälde von C. Dorner (Kapp 1915, Frontispiz)

In seinem Brief aus Venedig belehrte Wagner seine geliebte Mathilde:

Es handelt sich nämlich darum, den von keinem Philosophen, namentlich auch von Schopenhauer nicht, erkannten Heilsweg zur vollkommenen Beruhigung des Willens durch die Liebe, und zwar nicht einer abstrakten Menschenliebe, sondern der wirklich, aus dem Grunde der Geschlechtsliebe, d.h. der Neigung zwischen Mann und Frau keimenden Liebe, nachzuweisen.[28]

So wurde Schopenhauers Beelzebub in Venedig plötzlich zum Wagnerschen Erlöser: Die Geschlechtsliebe, die reinste Bejahung des Willens überhaupt, ersetzte die von Schopenhauer geforderte Askese, welche zur vollkommenen Verneinung des Willens führen soll. Wie Wagner sich einen solchen Heilsweg vorstellte, mögen die Schlussworte von *Tristan und Isolde* ausmalen:

In des Wonnemeeres
wogendem Schwall,
in der Duft-Wellen
tönendem Schall,
in des Welt-Athems
wehendem All —
ertrinken —
versinken —
unbewusst —
höchste Lust.[29]

Im *Parsifal* wird aber wieder derjenige krank darben, welcher den "Venezianischen" Heilsweg einschlägt, während der "reine Tor" zum Erlöser wird, indem er sich tunlichst von solch "vollkommener" Beruhigung des Willens fernhält. Von seiner Einsicht in solche Widersprüche schrieb Wagner in einem weiteren Brief an Mathilde folgendes:

Mein Kind, wohl hatte der herrliche Buddha recht, als er streng die Kunst ausschloss. Wer fühlt es deutlicher als ich, dass diese unselige Kunst es ist, die mich ewig der Qual des Lebens und allen Widersprüchen des Daseins zurückgiebt? Wäre diese wunderbare Gabe, dieses so starke Vorherrschen der bildnerischen Phantasie nicht in mir, so könnte ich der hellen Erkenntniss nach, dem Drange des Herzens folgend — Heiliger werden; und als Heiliger dürfte ich Dir sagen: komm, verlass Alles, was Dich hält, zertrümmere die Banden der Natur: um diesen Preis zeige ich Dir den offenen Weg zum Heile! — Dann wären wir frei: Ananda und Sawitri! — Aber so ist's nicht. Denn sieh! auch dieß, dieses Wissen, diese deutliche Einsicht — sie macht mich nur immer wieder zum Dichter, zum Künstler.[30]

Im Jahre 1856 drückte der Künstler seine Einsichten in die besagten Widersprüche des Daseins in zwei Opernprojekten aus, welche eng zusammenhängen: in *Tristan und Isolde* einerseits, und im buddhistischen Projekt *Die Sieger* mit seinen Protagonisten Ananda und Sawitri (oder Prakriti)[31] anderseits. In einem Brief an Liszt schrieb Wagner, das *Sieger*-Projekt werde nur deutlich, wenn man den *"Tristan* verdaut" habe.[32] Wie sich das *Sieger*-Projekt zum *Tristan* verhält, zeigt ein anderer Brief:

Ich für mein Theil wünsche mir hauptsächlich Gesundheit, um alle Entwürfe, deren ich noch voll bin, ausführen zu können; leider bin ich damit voller, als ich bedarf, denn außer den Nibelungenstücken habe ich noch einen Tristan und Isolde (die Liebe als furchtbare Qual) und einen neuesten Stoff 'die Sieger' (höchste Erlösung, buddhistische Legende) im Kopfe, die mir so nahe lie-

gen, dass ich mit großer Hartnäckigkeit, den Nibelungen zu lieb,
zurückdrängen muss.[33]

In Wagners Tagebuch von 1856 steht folgendes über den
Ursprung dieses buddhistischen Opernprojektes:

Buddhismus: Introduction à l'histoire du B. — 'Sieger' concipirt,
nach einer buddhistischen Legende bei Burnouf[34]. *Conception*
eines neuen Schlusses zur Götterdämmerung auf dem Kranken-
bett.[35]

Beim dem neuen Schluss der *Götterdämmerung,* der sich in
dieser Notiz so nahtlos an die Konzeption der Sieger anfügt,
handelt es sich um den oben zitierten Entwurf. Eugène Burnoufs *Introduction à l'histoire du Buddhisme indien* (sic)war
eine der Quellen, welche Schopenhauer in einer langen Lite-
raturliste zum Buddhismus in seiner Schrift *Der Wille in der*
Natur zur Lektüre empfohlen hatte.[36] Burnoufs Buch mar-
kiert den Beginn der auf indischen Texten basierenden Bud-
dhismusforschung des Westens. Wagner hat dieses Werk ab
März 1856 gelesen und darin eine Legende gefunden, welche
ihn zum Sieger-Projekt inspirierte[37]. Anfangs wurde die Legende von ihm kaum verändert[38]; er gestaltete nur Anfang
und Schluss etwas farbiger. Ich fasse den Entwurf zum *Sie-*
ger-Projekt vom 16. Mai 1856 kurz zusammen: Ananda, der
Lieblingsjünger des Buddha, wird an einem Brunnen vom
unberührbaren Tschandala-Mädchen Prakriti getränkt, die
sich in Ananda verliebt. Prakritis Mutter lockt Ananda ins
Haus, doch er widersteht allen Verlockungen. Das verliebte
Mädchen aber gibt nicht auf und wendet sich an den Buddha
selbst. Dieser fragt sie, ob sie die Bedingungen dieser Vereinigung erfüllen wolle. Das darauf folgende doppelsinnige
Zwiegespräch verknüpft die beiden Pole des vorhin erwähn-

ten Gegensatzes und stellt so den dramatischen Angelpunkt des Stückes dar: Prakriti deutet es als Vereinigung im Sinne ihrer Leidenschaft und stürzt erschreckt und schluchzend zu Boden, als sie plötzlich versteht, dass des Buddha Bedingung die Annahme von Anandas Gelübde der Keuschheit, also Entsagung, einschließt. Buddha erzählt dem Mädchen alsdann von dessen früherem Leben, in dem es einem jungen Mann aus Stolz und Hochmut die Liebe versagt habe. Sie sei nun als Tschandala-Mädchen wiedergeboren worden, um die Qualen hoffnungsloser Liebe zu empfinden und zugleich der Liebe zu entsagen, in Buddhas Gemeinde aufgenommen und zur endgültigen Erlösung geführt zu werden. Auf diese Worte hin entsagt Prakriti freudig der Liebe, und Ananda begrüßt sie als Schwester im Kreise der Anhänger des Buddha.[39]

Das zentrale Thema dieser Legende ist, dass aus dem von Prakriti erhofften Heil – der Erlösung *durch* die Liebe – eine Erlösung *von* der Liebe werden muss: völlige Entsagung als einziger Weg zum endgültigen Heil. Wie Wagner im Brief an Liszt vom 12. Juni 1856 erklärte, ist also "Der Sieg — das Heiligste, die vollständigste Erlösung" der Inhalt seines *Sieger*-Projekts. Wagners blühende Phantasie stattete diese Legende schon bald mit einem üppigen dramatischen Interieur aus; so schrieb er Anfang 1857, also etwa ein halbes Jahr nach seinem ersten Entwurf, an Marie von Sayn-Wittgenstein in Weimar:

Was soll ich Ihnen noch erzählen? Ja — in den "Siegern" wird Folgendes vorkommen: Das Mädchen (vermuthlich Savitri), die im zweiten Acte, als sie Ananda erwartet, im vollsten Rausche sich in die Blumen wühlt, Sonne, Wald, Vögel, Wasser – Alles – die ganze Natur wollüstig in sich einsaugt, — wird, nachdem sie das verhängnisvolle Gelübde abgelegt, von Czakya [Buddha] aufgefordert, um sich und über sich zu blicken, und dann gefragt, wie dünkt dich Alles das? — "Nicht mehr schön" — sagt sie da ernst und wehmüthig, denn sie schaut nun die andre Seite der Welt. Im 2. Act des Tristan — doch davon erfahren Sie jetzt noch nichts. Da ist Alles erst noch Musik.[40]

Die Frau, die nach Schopenhauer – und auch Wagner – dem weltbewegenden Willen weniger durch Erkenntnis entfremdet ist als der Mann und den Willen deshalb wesenhaft stärker bejaht, wird hier rauschhaft in Blumen wühlend und einzig auf die Vereinigung mit ihrem Geliebten ausgerichtet gezeigt. Sie ist Ausdruck der reinsten Bejahung des Willens, der auf Erhaltung und Vermehrung des Lebens fixiert ist.

Abb. 5: Kundry in der Uraufführung von *Parsifal*
Foto von Hans Brand, 1882. Bayerische Staatsbibliothek

Die Parallele zu *Kundry* im *Parsifal* ist frappant: wie Prakriti die Erlösung in den Armen Anandas sucht, so Kundry in jenen Parsifals. Genau diese Bejahung des sich in jedem Individuum ausdrückenden Willens zum Leben ist es jedoch, welche das Grundproblem darstellt: Da haben wir wieder Anquetils *amour original* und den "Durst" des Buddhismus. Hier kristallisiert sich das tragische Potential des erwähnten Zwiespalts: Prakriti und Kundry suchen ihre Erlösung genau dort, wo sie niemals gefunden werden kann, nämlich in der Vereinigung mit dem Geliebten und damit, nach Schopenhauer, in der vollen Bejahung des Willens zum Leben. Ihr angestrebtes Ziel ist also in Wirklichkeit nichts anderes als der tiefste Grund ihrer Unzufriedenheit und damit ihres Strebens nach Erlösung. "LIEBE—TRAGIK". In Wagners Erklärung zum *Tristan*-Vorspiel heißt es über dieses allmächtige Verlangen:

Ohnmächtig sinkt das Herz zurück, um in Sehnsucht zu verschmachten, in Sehnsucht ohne Erreichen, da jedes Erreichen nur wieder neues Sehnen ist.[41]

Das Motiv der Seelenwanderung, welches Wagner in den *Siegern* und später im *Parsifal* benützte, macht das "ewig neu sich gebärende Verlangen" sogar noch anschaulicher. Auch hier öffnete Schopenhauer Wagner die Tür, lobte er doch die Seelenwanderung als das non plus ultra aller Mythen[42]. Schon 1826 hatte sich Schopenhauer folgende Passage aus einer chinesischen Buddha-Biographie[43] notiert:

Ewig schon findet sich die Neigung zum Gut, also Liebe, Habsucht und Begehren (Fleischeslust), von Natur aus in allem, was geboren wird. [...] Alles, was geboren wird [...] gewinnt seine Natur und sein Leben aus dem Begehren, zu dem das Verlan-

gen die Liebe hinreißt: so entspringt die Seelenwanderung im Grunde der Liebe. Die Liebe, angestachelt durch alle Arten von Verlangen die es zum Begehren verleiten, ist der Grund dafür, dass sich das Leben und der Tod ohne Unterlass ablösen auf dem Pfade der Seelenwanderung.

Schopenhauer(1985, Bd. 3, S. 305–6) hatte sich diese ganze Schlüsselpassage im französischen Originaltext notiert:

De toute l'éternité, l'inclination au bien, ainsi que l'amour, la cupidité et la concupiscence se trouvent naturellement dans tout ce qui prend naissance. De là vient la transmigration des ames. Tout ce qui naît, de quelque manière qu'il naisse, soit de l'oeuf ou du sein maternel, ou de la pourriture ou par transformation, tire sa nature et sa vie de la concupiscence, à laquelle la cupidité porte l'amour; ainsi c'est de l'amour que la transmigration des ames tire son origine. L'amour, excité par les cupidités de tout genre qui l'induisent à concupiscence, est la cause de ce que la vie et la mort se succèdent tour-à-tour par la voie de la transmigration. De l'amour vient la concupiscence, et de la concupiscence la vie. Tous les êtres vivans, en aimant la vie, en aiment aussi l'origine. L'amour induit à concupiscence est la cause de la vie; l'amour de la vie en est l'effet.

In dieser Passage sehen wir, dass der Begriff der Liebe (ai 愛) im chinesischen Buddhismus dem Anquetilschen "amour original" und dem schopenhauerschen "Willen" schön entspricht. In Wagners *Tristan* drückte sich nun dieses "ewig neu sich gebärende Verlangen" in demjenigen Medium aus, welches gemäß Schopenhauer wie keine andere Kunst den Willen unmittelbar verkörpert: in der Musik. Das Sehnsuchts-Motiv, der *Tristan*-Akkord: Sie machen die Wunde kund, an welcher Tristan leidet und die im *Parsifal* Amfortas quälen wird. Die Einsicht in die "andre Seite der Welt", die Welt des leidenvollen Leben-und-Tod-Kreislaufes (*saṃsāra*), die sich auch der lebensfrohen Prakriti plötzlich auftut, bietet sich zur dramatischen Behandlung geradezu an. Um Leben-und-Tod war es ja schon beim Fluch des *Fliegenden Holländer* gegangen, und im *Parsifal* erscheint *saṃsāra* in demjenigen auf Kundry:

Kenntest du den Fluch,
der mich durch Schlaf und Wachen,
durch Tod und Leben,
Pein und Lachen,
zu neuem Leiden neu gestählt,
endlos durch das Dasein quält! —[44]

Doch wie stellt der Künstler *nirvāṇa* dar? Diese Frage war ein Grund für Wagners zeitweiligen Zweifel an der Durchführbarkeit des *Sieger*-Projektes. Am Anfang einer Notiz zu einer neuerlichen Überarbeitung des Projektes vom Mai 1868 steht die Gleichung:

Wahrheit	=	*Nirvâna*	=	*Nacht*
Musik	=	*Bramâ*	=	*Dämmerung*
Dichtkunst	=	*Sansâra*	=	*Tag*[45]

Aus einem früheren Brief Wagners an Liszt[46] geht hervor, dass für ihn (wie schon für Schopenhauer) die indische Darstellung von Brahmas Weltschöpfung als Sünde den Kernsatz des Pessimismus mythisch darstellt; diese hinduistische Lehre erscheine nun "in ihrer schließlichen Verklärung und höchsten Vollendung" im Buddhismus, dessen Heilige "durch vollständige Verneinung des Willens zum Leben in der einzig nur noch sie erfüllenden Sympathie für alles Leidende in

33

das 'Nirvana' d. h. Land des Nicht-mehr-seins übergehen"[47].
Dieses Land des Nicht-mehr-seins und der vollständigen
Verneinung des Willens sowie des vollkommenen Mitleids
erscheint in der obigen Gleichung (wie auch im *Tristan*) als
Nacht, während Dichtkunst, Vernunft, Erkenntnis dem ewi-
gen Kreislauf von Leben-und-Tod (*saṃsāra*) und dem Tag
zugehören. Die Musik nun steht dazwischen als Dämme-
rung:

*Die Plage des Lebens beginnt. Das Paradies ist verloren. Die
Musik der Bramâwelt ruft es der Erinnerung zurück: sie führt
zur Wahrheit. Wer versteht sie? die Milch die keiner Kuh ent-
flossen?*[48]

Direkt nach dieser Passage fragt Wagner sich selbst:

*Bramâ — wird zum Verlangen, als Musik; die der Sansâra zu-
gewandte Musik, Dichtkunst; welches ist die andre, der Sansâra
abgewandte Seite? Nirwâna — ungetrübte, reine Harmonie?*[49]

Wagners Überarbeitungen von *Die Sieger* suchten dramatisch akzeptable Antworten zu dieser Frage — und der
Parsifal ist meiner Ansicht nach auch eine davon. In seinen
Sieger-Revisionen wählte Wagner aber einen speziellen Weg,
indem er den sogenannt "siegreich-vollendeten"[50] Buddha
erst am Schluss wirklich zur Vollendung kommen ließ. Im
Oktober 1858 las Wagner im Buch von Burnouf (S. 278),
der Buddha habe ursprünglich keine Nonnen in seine Ge-
meinschaft aufgenommen; sogar seiner Tante und Ziehmut-
ter sei diese Ehre erst nach wiederholten Bitten von Ananda
zuteil geworden. Wagner ersetzte nun die alte Tante durch
die junge Prakriti und gewann dadurch, wie er an Mathilde
Wesendonck schrieb, "etwas ungemein Wichtiges":

Ohne allen Zwang erhält mein Plan eine große mächtige Erweiterung. Das Schwierige war hier, diesen vollkommen befreiten, aller Leidenschaft enthobenen Menschen, den Buddha selbst, für die dramatische und namentlich musikalische Darstellung geeignet zu machen. Es löst sich nun dadurch, dass er selbst noch eine letzte Entwickelungsstufe erreicht, durch Aufnahme einer neuen Erkenntnis, die ihm hier – wie alle Erkenntnis – eben nicht durch abstrakte Begriffsverbindungen, sondern durch anschauliche Gefühlserfahrung, somit auf dem Wege der Erschütterung und Bewegung des eigenen Inneren, zugeführt wird, und die ihn daher in einem letzten Fortschreiten zur höchsten Vollendung zeigt. [...] Als Ananda schon in tiefster Trauer die Hoffnung aufgeben zu müssen glaubt, fühlt Çakya[51], durch sein Mitleiden und wie durch ein letztes, neuestes Problem, dessen Lösung noch sein Verweilen im Dasein aufgehalten hat, angezogen, sich bestimmt, das Mädchen zu prüfen [...] bei dem Hauptgebote ist sie endlich aufrichtig genug, machtlos zusammenzubrechen; worauf sich denn (vielleicht entsinnst Du Dich?) die reiche Szene mit den Brahmanen entspinnt, die ihm den Verkehr mit solchem Mädchen, als Beweis für das Irrige seiner Lehre, vorwerfen. In der Zurückweisung jenes menschlichen Hochmutes gelangt endlich sein wachsender Anteil an dem Mädchen, deren frühere Existenzen er sich und den Gegnern enthüllt, zu solcher Stärke, dass, als sie [...] zu jedem Gelübde sich bereiterklärt, er, wie zu letzter eigener Verklärung, sie unter die Heiligen aufnimmt, und somit seinen erlösenden, allen Wesen zugewendeten Weltlauf als vollendet ansieht, da er auch dem Weibe – unmittelbar – die Erlösung zusprechen konnte.[52]

Statt der musikalisch und dramatisch lahmen Darstellung der Perfektion des Buddha ergibt sich so eine Unvollkommenheit, welche ein Fortschreiten zur letzten Vollendung ermöglicht – eine dramatische Entwicklung, die durch den mehrfach wiederholten Satz "durch Mitleid wissend" charakterisiert werden kann. Er wird bekanntlich auch zum Kernsatz des *Parsifal*: Wie der Buddha in den *Siegern*, so findet auch der Held von Wagners letzter Oper erst durch Mitleid zum Wissen, das ihn zur Erlöserrolle befähigt. Gleichzeitig ermöglichte Wagners Revision auch die dramatische Behandlung der Mann-Frau-Problematik in schopenhauerischem Sinne. Dies beleuchtet u.a. eine Bemerkung, welche Wagner an den Rand der letzten Seite des Aufsatzes ("Über das Weibliche im Menschlichen") kritzelte, der bei seinem Tod in Venedig unvollendet auf dem Pult lag: "Idealität des Mannes — Naturalität des Weibes — Buddha". Gleich anschließend erläutert er: "Gleichwohl geht der Prozess der Emanzipation des Weibes nur unter extatischen Zuckungen vor sich. Liebe — Tragik." Wagners letzter Satz überhaupt stellt diese Bemerkungen in den Zusammenhang des *Sieger*-Projektes: "Es ist ein schöner Zug der Legende, welcher auch den Siegreich-Vollendeten zur Aufnahme des Weibes sich bestimmen lässt"[53].

So wird endlich auch die Frau erlöst — *von der Liebe*. Wie Kundry mit Hilfe von Parsifal, so sieht auch die liebestolle Prakriti durch das Mitleid des Siegreich-Vollendeten schließlich ein, dass völlige Entsagung der einzig mögliche Heilsweg ist. Aus Liebe wird Mitleid, aus der blühenden jungen Frau eine Nonne — und aus Buddha kurz vor seinem Tod endlich, durch Mitleid wissend, ein wirklich *Siegreich-Vollendeter* ...

Doch trotz der Revisionen wurden *Die Sieger* in der ursprünglich geplanten Form weder gedichtet noch komponiert. Ein Grund dafür mag in der fremden Bilderwelt

Indiens gelegen haben. Cosima schrieb einige Monate vor Wagners Tod:

Wir sprechen jetzt fast immer von Buddha; neulich bemerkte R[ichard], wie unmöglich es ihm gewesen sein würde, ihn zu komponieren, wenn er hätte müssen mit Mango-Bäumen, Lo-tos-Blumen etc. umgehen.[54]

Ein zusätzliches Motiv wurde knapp zwei Jahre früher, nach der Vollendung des *Parsifal*, erwähnt:

Noch im Bett sagt er, wenn du mich gut hältst, gut kleidest, gut nährst, dann komponiere ich noch "Die Sieger". — "Die Schwie-rigkeit ist hier die Lokalität und die Sprache. Bei dem Christen-tum ist erhabene Simplizität, im Buddhismus ist soviel Bildung, und Bildung ist sehr unkünstlerisch." Wir sprechen davon, dass ungefähr dasselbe Thema (die Erlösung des Weibes) in beiden, Parsifal und Sieger, behandelt würde.[55]

Dazu kam bestimmt auch noch die Vorliebe Cosimas für Christus, dessen dramatisches Potenzial sie kurz nach Nietzsches Besuch in Bayreuth vom November 1873 wie folgt einschätzte:

Einzig über der Legende des Buddha steht die Legende von Christus, weil hier alles Handlung des Herzens ist, die Krippe, das Mahl, das Kreuz — Buddha ergreift nicht, er lehrt, Chri-stus lehrt dadurch, dass er uns ergreift.[56]

Für Wagner hingegen stellten Entsagung und Mitleid den Kern sowohl des Buddhismus also auch des Christentums dar. So ließ das *Sieger*-Thema Wagner bis zu seinem Tode nicht mehr los. Cosima notierte auf der nächsten Seite ihres Tagebuches:

Abends liest R[ichard] die kleine Skizze der 'Sieger' uns vor. —
Wie herrlich. Ich hoffe zu Gott, der mich beschirmt, dass er auch
dieses Werk schaffen wird — Gott wird mich erhören, und ich
will, ich möchte ihn zwingen durch das Gebet der Tat![57]

Dass Wagner sich volle 25 Jahre mit diesem Projekt herumschlug, hat, außer seiner Faszination mit Burnoufs Legende, noch einen triftigen anderen Grund: Die Wiedergeburts-Problematik der *Sieger* eignete sich nämlich perfekt für die musikalische Verarbeitung in Form von immer wiederkehrenden und doch sich subtil wandelnden Leitmotiven. Dies fiel Wagner schon ganz am Anfang seiner Beschäftigung mit diesem Stoffe auf:

Außer der tiefsinnigen Schönheit des einfachen Stoffes bestimmte
mich zu seiner Wahl alsbald ein eigentümliches Verhältnis des-
selben zu dem in mir seitdem ausgebildeten musikalischen Ver-
fahren. Vor dem Geiste des Buddha liegt nämlich das vergangene
Leben in früheren Geburten jedes ihm begegnenden Wesens of-
fen, wie die Gegenwart selbst, da. Die einfache Geschichte erhielt
nun ihre Bedeutung dadurch, dass dieses vergangene Leben der
leidenden Hauptfiguren als unmittelbare Gegenwart in die neue
Lebensphase hineinspielte. Wie nur der stets gegenwärtig mit-
erklingenden musikalischen Reminiszenz dieses Doppellebens
vollkommen dem Gefühle vorzuführen möglich werden durfte,
erkannte ich sogleich, und dies bestimmte mich, die Aufgabe der
Ausführung dieser Dichtung mit besonderer Liebe mir vorzube-
halten.[58]

Die neuen Perspektiven, welche sich mit den Siegern und dem Motiv der Seelenwanderung auftaten, erstreckten sich auch auf Figuren aus früheren Werken; so schrieb Wagner an Mathilde Wesendonck:

Nur die tiefsinnige Annahme der Seelenwanderung konnte mir den trostreichen Punkt zeigen, auf welche endlich Alles zur gleichen Höhe der Erlösung zusammenläuft [...] Nach der schönen buddhistischen Annahme wird die fleckenlose Reinheit des Lohengrin einfach daraus erklärlich, dass er die Fortsetzung Parsifals — der die Reinheit sich erst erkämpfte — ist. Ebenso würde Elsa in ihrer Wiedergeburt bis zu Lohengrin heranreichen. Somit erschien mir der Plan zu meinen 'Siegern' als die abschließende Fortsetzung des Lohengrin. Hier erreicht 'Sawitri' (Elsa) den "Ananda" vollständig.[59]

Der Gegenpol zur von Schopenhauer und Buddhismus inspirierten Entsagungsthematik und zu Wagners Erlösungs-Ideal war allerdings nicht minder wirksam; der Künstler war halt auch nach seiner Schopenhauer-Bekehrung mindestens ein halber Optimist. Davon zeugt z. B. eine Notiz, die der Sachse Wagner Anfang April 1864 schrieb, als der vom Schicksal keineswegs Verwöhnte in Meilen am Zürichsee von Eliza Wille aufgepäppelt wurde und sich deutsche Mystiker zu Gemüte führte:

Buddha—Luther. — Indien—Norddeutschland: dazwischen: Katholizismus. (Süden—Norden.) Mittelalter. Am Ganges milde, reine Entsagung: in Deutschland mönchische Unmöglichkeit: Luther deckt diese climatische Unmöglichkeit zur Durchführung der milden Entsagungslehre des Buddha auf: es geht hier nicht, wo wir Fleisch essen, Gebrautes trinken, uns stark bekleiden und warm logiren müssen: hier muss transigirt werden; unser Leben hier ist so geplagt, dass wir ohne 'Wein, Weib u. Gesang' es nicht aushalten, und selbst dem alten Gott nicht dienen können.[60]

Wagners "optimistische" Auffassung der Liebe hatte es aber auch seinen Frauen sowie seinem Gönner König Ludwig II. angetan, der dem herzensgeliebten einzigen Künstler bald nach dieser Notiz finanziell so erheblich unter die Arme griff, dass ganz Bayern erbebte. Trotz Wagners Zusendung von Burnoufs Buch und der Ankündigung von Sieger-Aufführungen ab 1870 nötigte der schmachtende König den stark bekleideten Komponisten nämlich, den "selig-macht-nur-die-Liebe"-Schluss der *Götterdämmerung* doch noch zu vertonen. Wagner tat's, wenn auch nur mit asketischem Klavier- statt opulentem Orchestersatz und gegen das Versprechen, solchen Optimismus auf private Aufführungen im einsamen königlichen Haushalt zu beschränken. Wenn auch diese eine Seele in Wagners Brust bis zum Lebensende zuweilen heftig aufflackerte und partout nicht wie bei Ananda erlöschen wollte, so wurde doch zusehends die Entsagung zum Fluchtpunkt seiner Kunstwerke. Im *Parsifal* mit seiner den *Siegern* so ähnlichen Thematik und seinen indischen Motiven sollte diese Tendenz ihren Höhepunkt erreichen.

Ich habe in diesen Ausführungen bewusst das Augenmerk auf Wagners eigenes Verständnis des Buddhismus gerichtet, um sozusagen von innen heraus – aus Werk, Briefen und Tagebüchern – zu verstehen, was Wagner am Buddhismus interessierte und wie er ihn auffasste. In einem Brief vom Januar 1857 schrieb er über seine Art, Bücher zu lesen: "Mir geht es nun einmal so, dass ich selten eigentlich das lese, was vor mir steht, sondern das, was ich hineinlege."[61] Wagners jahrzehntelanges Studium von Schopenhauer gehört wohl zu diesen Seltenheiten; bei den Büchern hingegen, welche er über den Buddhismus las, scheint ihn vor allem die Suche nach musikdramatisch ergiebigen Sujets geleitet zu haben. Was er sonst in seine Buddhismuslektüre hineinlegte, scheint vor allem sein Verständnis von Schopenhauers Philosophie zu sein. Dies ist auch der Hauptgrund, warum in der Fachliteratur zum Thema "Wagner und Buddhismus", wie auch in diesem Essay, Schopenhauer viel Platz einnimmt und einnehmen muss. Die Frage, ob Schopenhauers Philosophie wirklich auf dasselbe Ziel weise wie die buddhistische Lehre, wird in weiteren Publikationen des Verfassers behandelt werden. Hier aber zum Abschluss einige Worte zu Wagners kreativer Aneignung der buddhistischen Lehre.

Die bisherige Forschung zum Thema "Wagner und Buddhismus" (siehe Literaturverzeichnis im Anhang) hat es, genau wie jene zum damit eng verbundenen Komplex "Schopenhauer und Buddhismus", bisher fast völlig unterlassen, die vom Philosophen und Künstler benutzten Quellen genauer zu untersuchen. Der Schwede Carl Suneson z. B. behauptet in seinem sonst ausgezeichnet recherchierten Werk Wagner und die indische Geisteswelt[62], angesichts der neuesten wissenschaftlichen Erkenntnisse von Indologie und Philosophie habe sich "herausgestellt, dass viele der Übereinstimmungen, die Schopenhauer selbst und seine Zeitgenossen zu sehen glaubten, auf fehlerhaften Vorstellungen vom wirklichen Inhalt eines Großteils des indischen, insbesondere buddhistischen Denkens beruhten"[63]. Suneson versteht nun unter "buddhistischem Denken" hauptsächlich das Denken von Hīnayāna- oder des Theravāda-Buddhismus, deren Quellen zum allergrößten Teil erst nach Wagners Tod im Westen bekannt wurden.[64] Sowohl Schopenhauer als auch Wagner haben sich hingegen auch mit Quellen des Mahāyāna-Buddhismus beschäftigt, z. B. einigen von Burnouf studierten Sanskrit-Texten Indiens und Nepals und den von Isaak Jakob Schmidt behandelten tibetischen und mongolischen Quellen. Für Schopenhauer waren überdies von Deshauterayes, Klaproth und Abel-Rémusat übertragene chinesische Mahāyāna-Schriften von großer Wichtigkeit.

Aus meiner Sicht hat Wagner jedoch – vor allem dank seines intensiven Schopenhauer-Studiums und der Burnouf-Lektüre – wesentliche Punkte von Lehren erfasst, welche in allen Buddhismusformen vertreten sind. Dazu gehören zum Beispiel die Auffassung der *Existenz als Leiden* (der Kern der Einsicht Prakritis), des *Ursprungs des Leidens* im Verlangen oder der Gier, die sich u.a. in der Wiedergeburtslehre ausdrückt und in Prakriti und Kundry anschaulich gemacht ist; die Sicht des *Egoismus* als Grundform der Ignoranz (*avidyā*); die Überwindung dieses Wahns im endgültigen *Erlöschen* (von Brünnhildes "Wunschheim" und "Wahnheim" ins "heiligste Wahlland"); und nicht zuletzt auch eine ethische Dimension des Buddhismus, welche nicht beim Menschen haltmacht, sondern auch andere Lebewesen (*sattva*) wie den Schwan im *Parsifal* miteinbezieht. In der Legende, welche Wagner für sein *Sieger*-Projekt auswählte, zeigen sich zudem in bildlicher Form einige Hauptzüge des Mahāyāna-

Buddhismus: die Betonung des *Wahncharakters* der ganzen Erscheinungswelt, die Erlösung durch plötzliche Einsicht in die *Leerheit* und vor allem die Darstellung von *Weisheit* und *Mitleid* als Hauptqualitäten der Vollendung. Bekanntlich stehen Weisheit und Mitleid im Zentrum des für den Mahāyāna-Buddhismus charakteristischen Bodhisattva-Kultes, dem fruchtbaren Boden eines Großteils der literarischen, philosophischen, bildenden und rituellen Kunstwerke des Mahāyāna.

Im *Sieger*-Projekt – wie später auch im *Parsifal* – stehen plötzliche *Einsicht* und umfassendes *Mitleid* im dramatischen Rampenlicht: "durch Mitleid wissend". Der Bodhisattva überwindet das, was Wagner im Tristan den "Eigenhold" nannte — und er ist bereit, sogar sein endgültiges Erlöschen oder *nirvāṇa* zugunsten der Leidenden zurückzustellen. Die Bodhisattvas sind also Personifikationen des Mitleids und der Weisheit (*karuṇā* und *prajñā*), und ihre sichtbaren Attribute wie Schwert (Durchschneiden der Ignoranz) oder tausend Arme machen Aspekte dieser Qualitäten anschaulich. Wagners eigentlicher Geniestreich in der Adaptation von Burnoufs Legende war aber seine Verarbeitung der Buddha-Figur. Einer der größten modernen Mahāyāna-Forscher Japans, Nagao Gadjin, hat als ein zentrales Merkmal des Mahāyāna eine Tendenz genannt, die er in dem chinesischen Begriff *xiangshang* (向上, jap. *kōjō*) erfasste: darüberhinaus, höherhinaus, übersteigen. Nagao benützt diesen Begriff für die in vielen Mahāyāna-Texten beobachtbare Tendenz des "Nicht-Haltmachens", der ständigen Untergrabung von scheinbar Absolutem. Diese Tendenz zeigt sich z.B. im *Vimalakīrti Sūtra*, wo der Laie Vimalakīrti die erhabensten und weisesten Bodhisattvas brutal bloßstellt, oder im berühmten Ausspruch des chinesischen Zenmeisters Linji

43

(jap. Rinzai): "Tod den Patriarchen, Tod dem Buddha!" Ist es nun nicht genau diese Tendenz, welche der geniale Dramatiker Wagner in der Bearbeitung seiner Buddhafigur anstrebte? Auch der Siegreich-Vollendete muss noch etwas hinzulernen, muss noch eine Stufe höher steigen: auch er ist — *mit der Liebe noch nicht ganz ins Reine gekommen.*

ANMERKUNGEN

1 Hans-Joachim Bauer und Johannes Forner, *Richard Wagner. Sämtliche Briefe*, Leipzig: VEB Deutscher Verlag für Musik, 1986, Bd. 5, S. 26.

2 Bauer und Forner (Hrsg.), *Richard Wagner. Sämtliche Briefe* Bd. 4, S. 319 ff. und Bd. 5, S. 27.

3 Richard Wagner, *Gesammelte Schriften und Dichtungen*, Leipzig: E.W. Fritzsch, 31898, Bd. 6, S. 13.

4 Bauer und Forner (Hrsg.), *Richard Wagner. Sämtliche Briefe* Bd. 5, S. 257.

5 Bauer und Forner (Hrsg.), *Richard Wagner. Sämtliche Briefe* Bd. 6, S. 251 ff. (No. 151; an August Stöger).

6 Bauer und Forner (Hrsg.), *Richard Wagner. Sämtliche Briefe* Bd. 6, S. 309 (No. 193; an Emilie Ritter).

7 Schopenhauers Werke waren für Wagner eindeutig die wichtigste Informationsquelle über diese Religion. Wie die Zeittafel im Anhang zeigt, befasste sich Wagner in drei Phasen eingehender mit dem Buddhismus; jede dieser Phasen ist durch die Lektüre eines wichtigen Werkes bestimmt. In der ersten Phase um 1856 war es Eugène Burnoufs *Introduction à l'histoire du Buddhisme Indien* (Paris: Imprimerie Royale, 1844); in der zweiten Phase um 1858 Carl Friedrich Koeppens *Die Religion des Buddha und ihre Entstehung* (Berlin: Schneider, 1857); und in der dritten und letzten Phase um 1882 Hermann Oldenbergs *Buddha, sein Leben, seine Lehre, seine Gemeinde* (Berlin 1881).

8   Der Sinologe Klaproth, der das *Asiatische Magazin* her-
    ausgab, übersetzte mit wenigen (und meist schlechten)
    Änderungen nur die Ansichten und Übertragungen des
    Franzosen de Guignes ins Deutsche: Joseph de Gu-
    ignes, *Histoire générale des Huns, des Turcs, des Mogols,
    et des autres tartares occidentaux, & c. avant Jésus-Christ
    jusqu'à présent*, Paris: Desaint & Saillant, 1756 (5 Bän-
    de). Dazu benützte Klaproth höchstwahrscheinlich
    auch die schon längst erhältliche monumentale deut-
    sche Gesamtübersetzung dieses Werkes von Johann
    Carl Dähnert: *Allgemeine Geschichte der Hunnen und
    Türken, der Mogols und anderer occidentalischen Tartarn,
    vor und nach Christi Geburt bis auf jetzige Zeiten*, Greifs-
    wald: Anton Ferdinand Röse, 1768/1771 (4 Bände).

9   Fo 佛 ist eine chinesische Bezeichnung für den Buddha,
    welche aber auch für andere "Erwachte" benützt wird.

10 Charles Baudelaire, *Sur Richard Wagner. Richard Wag-
    ner et Tannhäuser à Paris*, Paris: Les Belles Lettres, 1994,
    S. 31.

11 A.-H. Anquetil-Duperron, *Description historique et géo-
    graphique de l'Inde*, Berlin: Pierre Bourdeaux, 1785, S.
    305–6.

12 Schopenhauer benützte dieses Wort auch; doch er be-
    zeichnete damit keineswegs eine Art Lebensstimmung
    oder psychologische Veranlagung. Vielmehr war der
    Pessimismus für ihn das Gegenteil des "Optimismus",
    welcher den Schöpfergott nach seinem Sechstagewerk
    "Gut gemacht" sagen und die von ihm geschaffenen
    Menschlein durch Werke selig werden lässt. Paul De-
    ussens Beschreibung der schopenhauerschen Typologie

der Religionen deckt sich schön mit Schopenhauers
Sicht von Optimismus und Pessimismus. Es gebe zwei
Grundformen von Religion: Die erste sei die Religion
der Kindheit der Völker, welche Gebote und Verbote
aufstelle und entsprechend Lohn oder Strafe verspre-
che. "Sie wendet sich somit an den Egoismus, den sie als
den eigentlichen Kern des natürlichen Menschen vor-
aussetzt und über welchen sie nicht hinausführt." Die
zweite stelle die höhere Stufe des religiösen Bewusstseins dar: die Erkenntnis, dass die höchste Aufgabe
des Daseins nicht in einer Befriedigung des Egoismus,
sondern in der völligen Aufhebung desselben besteht
und dass deshalb alle durch Furcht oder Hoffnung be-
gründeten Werke für die ewige Bestimmung des Menschen wertlos sind. Siehe Paul Deussens Vorrede zur 1.
Auflage von *Sechzig Upanishad's des Veda*, Leipzig: F.A.
Brockhaus, 1897 (zit. nach 3. Aufl., 1921, S. VII ff.).

13 Wie Schopenhauers Lehre – und zum Teil unter deren
Einfluss – wurde und wird auch der Buddhismus immer wieder des Nihilismus und des "Pessimismus" im
simplen modernen Sinne bezichtigt. Dies steht in merk-
würdigem Kontrast zum Erlösungsoptimismus, der sowohl Schopenhauers Denken als auch die buddhistische
Religion kennzeichnet. In diesem Sinne schrieb Wagner
am 7. Juni 1855 an Liszt: "Dieser Act der Verneinung
des Willens ist die eigentliche Handlung des Heiligen:
dass er sich endlich nur vollendet in der vollständigen
Aufhebung des persönlichen Bewusstseins – es giebt
aber kein anderes Bewusstsein, als das persönliche in-
dividuelle – konnte den naiven, durch jüdische Dogmen
befangenen Heiligen des Christentums entgehen und
sie konnten ihrer befangenen Einbildungskraft jenen er-

sehnten Zustand als eine ewige Fortdauer in einem von der Natur befreiten neuen Lebenszustande vorspiegeln, ohne dass dadurch unser Urtheil über die moralische Bedeutung ihrer Entsagung beirrt wird, denn in Wahrheit erstrebten sie eben nur den Untergang ihrer individuellen Persöhnlichkeit, d.i. – ihres Daseins. – Reiner und bedeutsamer spricht aber diesen tiefsten Drang die urheilige älteste Religion des menschlichen Geschlechts, der Brahmanen-Lehre, namentlich aber in ihrer schließlichen Verklärung und höchsten Vollendung durch den Buddhaismus aus. Sie stellt allerdings den Mythos von einer Entstehung der Welt durch Gott auf; allein sie preist diesen Act nicht als eine Wohlthat, sondern stellt ihn als eine Sünde Bramas dar, die dieser, der sich selbst in diese Welt verwandelte, durch die ungeheuren Leiden eben dieser Welt abbüßt, und sich in denjenigen Heiligen erlöst, die durch vollständige Verneinung des Willens zum Leben in der einzig nur noch sie erfüllenden Sympathie für alles Leidende in das 'nirvana' d.h. Land des Nicht-mehr-seins übergehen. Ein solcher Heiliger war jener Buddha". Bauer und Forner (Hrsg.), *Richard Wagner. Sämtliche Briefe* Bd. 7, S. 207–208.

14 Arthur Hübscher (Hrsg.), *Arthur Schopenhauer: Der handschriftliche Nachlaß in fünf Bänden*, München: Deutscher Taschenbuch Verlag, 1985, Bd. 1, 385, No. 571.

15 Hans Wolfgang Schumann, *Buddhismus. Stifter, Schulen und Systeme*, München: Eugen Diederichs, 1994. S. 82.

16 Siehe zum Beispiel G. Lanczkowski, "Richard Wagner und Indien". In: Günther, H.O., *Indien und Deutschland*, Frankfurt a. M., 1956, S. 29.

17 Arthur Schopenhauer, *Die Welt als Wille und Vorstellung I* (Zweiter Teilband), Zürich: Diogenes Verlag, 1977, S. 412. "Die Maja der Indier" wurde für Schopenhauer ab Frühling 1814 wichtig; siehe seine frühen Notizen in Arthur Hübscher (Hrsg.), *Arthur Schopenhauer: Der handschriftliche Nachlaß in fünf Bänden*, München: Deutscher Taschenbuch Verlag, 1985, Bd. 1, S. 104, No. 189 und S. 120, No. 213.

18 Siehe Wagners Ausführungen in Anmerkung 13.

19 Diese Richtlinien werden üblicherweise im sogenannten "Achtfachen Pfad" zusammengefasst und betreffen die drei Gebiete Moral (*śīla*), Sammlung (*samādhi*) und Weisheit (*prajñā*). Burnoufs *Introduction* ist eine der Quellen, aus denen Schopenhauer und Wagner die Bedeutung solcher Begriffe und Lehren erfahren konnten.

20 Richard Wagner, *Mein Leben*, herausgegeben von Martin Gregor-Dellin. München: Piper, 1983, S. 522–523.

21 Bauer und Forner (Hrsg.), *Richard Wagner. Sämtliche Briefe* Bd. 6, No. 238, S. 346 (an August Röckel, Zürich, 5. Feb. 1855). Wagner schrieb in diesem Brief (S. 346–348) u.a.: "Soeben erteile ich Auftrag nach Leipzig, daß man Dir von dort ein Exemplar von *Arthur Schopenhauers* Buch: *Die Welt als Wille und Vorstellung* zuschickt [...] Da Du dies Buch selbst kennenlernen sollst, teile ich Dir nichts darüber mit; nur einige Notizen über den Verfasser. [...] Das Buch nun ist von unermeßlicher Bedeutung: aber in einem Sinne, der allerdings vielen sehr unbequem kommen muß. Ich gestehe, daß ich mit meinen eigenen Lebenserfahrungen gerade so weit gekommen war, daß nur noch Schopenhauers Philosophie mir

49

gänzlich angemessen und bestimmend werden konnte. Dadurch, daß ich rückhaltlos seine sehr, sehr ernsten Wahrheiten aufnehmen konnte, habe ich meinem innersten Drange am entschiedensten Genüge geleistet, und wiewohl er mir eine von meiner früheren ziemlich abweichende Richtung gegeben hat, entsprach doch diese Wendung einzig meinem tiefleidenden Gefühl vom Wesen der Welt. [...] [Ich] übersende Dir nun mit einem wahrhaft feierlichen Ausdruck dies Werk, das in einer sehr entscheidenden Katastrophe meines inneren Lebens mich zur Ausdauer und Kraft der Entsagung gestärkt hat."

22 Bauer und Forner (Hrsg.), Richard Wagner. *Sämtliche Briefe* Bd. 8, S. 152 (an August Röckel, Zürich, 23. Aug. 1856).

23 Richard Wagner. *Sämtliche Briefe* Bd. 8, S. 153 (an August Röckel, Zürich, 23. Aug. 1856).

24 Carl Dahlhaus, "Über den Schluss der Götterdämmerung" in: *Richard Wagner. Werk und Wirkung*, Regensburg 1971.

25 Der Text in der linken Spalte ist zitiert nach Carl Dahlhaus, "Über den Schluss der Götterdämmerung", in: *Richard Wagner. Werk und Wirkung*, Regensburg, 1971, S. 107. Die in Klammern gesetzten Begriffe auf der rechten Seite wurden vom Verfasser zur Erklärung der enthaltenen Themen hinzugefügt.

26 Der ursprüngliche Name der Villa Wesendonck, *Wahlheim*, geht wahrscheinlich auf Wagner zurück. Meiner Ansicht nach leitet er sich eher aus diesem Entwurf her als aus Goethes *Werther*. Das Nachbarhaus, Wagners

"Asyl", wäre jedoch beinahe zu einem echten Binswan-gerschen *Wahnheim* geworden ... wohingegen Wagners Bayreuther Residenz den Namen *Wahnfried* erhielt, der die beiden Grundpole der buddhistischen Lehre über-setzt: der Wahn ist *saṃsāra* oder Leben–Tod, und Fried steht für *nirvāṇa*: das Erlöschen jeglichen Wahns.

27 Notiz im Wagner–Museum zu Bayreuth; dieses Ge-dicht sei zur Zeit der Liebesverbindung mit Richard Wagner entstanden.

28 Richard Wagner, *Tagebuchblätter und Briefe an Mathilde Wesendonck 1853–1871*, hrsg. von R. Sternfeld. Berlin, 1904, S. 106 (1. Dez. 1858).

29 Richard Wagner, *Gesammelte Schriften und Dichtungen*, Leipzig: E.W. Fritzsch, 31898.,Bd. 7, S. 80–81.

30 Richard Wagner, *Tagebuchblätter und Briefe an Mathilde Wesendonck 1853–1871*, Berlin, 1904, S., S. 59.

31 Wagner hatte in Adolf Holtzmanns *Indische Sagen* (3 Bände; Stuttgart 1845–1847) von einer Sawitri gelesen, welcher es durch Standhaftigkeit und Liebe gelingt, den Tod dazu zu bewegen, ihrem Mann das Leben wieder-zuschenken (Bd. 1, S. 243–273). Siehe Carl Suneson, *Richard Wagner und die indische Geisteswelt*, Leiden: E.J. Brill, 1989, S. 13 ff.

32 Brief vom 20. Juli 1856 an Franz Liszt aus Mornex bei Genf. Bauer und Forner (Hrsg.), *Richard Wagner. Sämt-liche Briefe* Bd. 8, 122.

33 Brief an Röckel vom 23. August 1856. Bauer und Forner (Hrsg.), *Richard Wagner. Sämtliche Briefe* Bd. 8, No. 70, S. 156

34 Es handelt sich um Eugène Burnouf, *Introduction à l'histoire du Buddhisme Indien*, Paris: Imprimerie Royale, 1844 (damals schrieb man noch nicht „bouddhisme").

35 Richard Wagner, *Das Braune Buch*, hrsg. von Joachim Bergfeld. Zürich: Atlantis, 1975, S. 125.

36 In der ersten Auflage (1836) von *Über den Willen in der Natur* erwähnte Schopenhauer nur drei Schriften (siehe Kritische Werkausgabe von Arthur Hübscher, 1988, Bd. 7, S. 125); in der zweiten Auflage (1854), welche Wagner benützte, waren es aber schon deren 24 (Kritische Ausgabe S. 130), zu denen im Handexemplar noch zwei hinzugefügt waren. Arthur Schopenhauer, *Über die vierfache Wurzel des Satzes vom zureichenden Grunde* und *Über den Willen in der Natur*, Zürich: Diogenes Verlag, 1977, Bd. 5, S. 327).

37 Burnouf fasste eine Legende aus der Heroische Erzählung vom Tigerohr (*Śārdūlakarṇāvadāna*) genannten Sammlung zusammen und übersetzte Teile daraus. Zu den indischen Quellen dieses Projektes siehe Carl Suneson, *Richard Wagner und die indische Geisteswelt*, Leiden: E. J. Brill, 1989, S. 69 ff.

38 Richard Wagner, "Skizze zu 'Die Sieger'", in: *Nachgelassene Schriften und Dichtungen von Richard Wagner*, Leipzig: Breitkopf und Härtel, [2]1902, S. 160–161. Der Entwurf figuriert auch in Richard Wagner, *Gesammelte Schriften und Dichtungen*, Leipzig, [4]1907, Bd. 11, S. 325.

39 Burnouf 1844, S. 205 ff.

40 Bauer und Forner (Hrsg.), *Richard Wagner. Sämtliche Briefe* Bd. 8; Brief No. 150, S. 250–251.

41 Hans Mayer, *Richard Wagner mit Selbstzeugnissen und Bilddokumenten*, Hamburg: Rowohlt, 1959, S. 102.

42 Schon im Sommer 1817 schrieb Schopenhauer (*Handschriftlicher Nachlass* Band 1, S. 479, No. 686): "Der Mythos von der Seelenwanderung ist so sehr der gehaltreichste, bedeutendeste, der philosophischen Wahrheit am nächsten stehende, von allen Mythen die je ersonnen worden, daß ich ihn für das *non plus ultra* der mythischen Darstellung halte. Daher auch haben ihn Pythagoras und Platon verehrt und angewandt: und das Volk bei welchem er als Volksglaube allgemein herrscht und auf das Leben entschiedenen Einfluß hat, ist eben deshalb als das mündigste anzusehn, wie es auch das älteste ist." Dies verwendete Schopenhauer dann in § 63 seines Hauptwerkes (*Die Welt als Wille und Vorstellung* Bd. 1, §63, S. 421 [Zürcher Ausgabe Bd. 2, S. 443]).

43 Michel-Ange-André Leroux-Deshauterayes, "Recherches sur la religion de Fo, professée par les bonzes Hochang de la Chine", *Journal Asiatique* 7 (1825). Das Zitat stammt von S. 233 des *Journal Asiatique*. Schopenhauers französische Notiz findet sich in Arthur Hübscher (Hrsg.), *Arthur Schopenhauer: Der handschriftliche Nachlaß in fünf Bänden*, München: Deutscher Taschenbuch Verlag, 1985, Bd. 3, S. 305–306, No. 161.

* Es ist mir 2010 endlich gelungen, die chinesische Quelle von Deshauterayes zu identifizieren: Urs App, "Schopenhauer and China", *Sino-Platonic Papers* Nr. 200 (frei kopierbares Buch bei www.sino-platonic.org).

44 Richard Wagner, *Gesammelte Schriften und Dichtungen*, Leipzig, ⁴1907, Bd. 10, S. 360.

45 Richard Wagner, *Das Braune Buch*, hrsg. von Joachim Bergfeld. Zürich: Atlantis, 1975, S. 198. Im Vorspann unseres Buches ist diese Gleichung Wagners in seiner Handschrift abgebildet. Sunesons (1988, S. 54) "Erweiterung" von Wagners Schema in Richtung der Dreikörperlehre (*trikāya*) des Mahāyāna-Buddhismus ist reichlich an den Haaren herbeigezogen.

46 Bauer und Forner (Hrsg.), *Richard Wagner. Sämtliche Briefe* Band. 7, S. 207–8.

47 Siehe Anmerkung 13.

48 Richard Wagner, *Das Braune Buch*, S. 198.

49 Richard Wagner, *Das Braune Buch*, S. 198.

50 Dies gibt eine im mongolischen Buddhismus übliche Bezeichnung des Buddha wieder: *Ilaju tegüs nökcigsen*. "Siegreich-Vollendeter" wurde durch Isaak Jakob Schmidts Einfluss eine Lieblingsbezeichnung Schopenhauers für den Buddha. Sie erscheint außer in seinen Werken zum Beispiel in einer amüsanten Geschichte, welche Gwinner berichtet: "In einer Ecke seines Zimmers thronte auf einer Marmorconsole die vergoldete Statuette Buddhas. Als er diese 1856 von Paris erhalten hatte und nach Entfernung des schwarzen Lacks, mit dem sie überzogen gewesen, in Gegenwart seiner streng katholischen Dienerin, die sich in ihrer Stube ein mit

gemachten Blumen reichgeschmücktes Altärchen errichtet hatte, sehr befriedigt betrachtete, bemerkte diese mit dem, gemeinen Leuten eigenen plumpen Gelächter: 'Der sitzt ja wie ein Schneider da!' worauf sie Schopenhauer mit den Worten zurechtwies: 'Sie grobe Person, so spricht sie von dem Siegreich-Vollendeten! habe ich jemals ihren Herrgott gelästert?'" Arthur Hübscher (Hrsg.), *Arthur Schopenhauer: Gespräche*, Stuttgart: Friedrich Frommann Verlag, 1971, S. 176 (No. 313).

51 Dies ist eine damals übliche französische Schreibart für Shakya (Çākya = Śākyamuni Buddha).

52 Zitiert nach Wolfgang Osthoff, "Richard Wagners Buddha-Projekt 'Die Sieger'. Seine ideellen und strukturellen Spuren in 'Ring' und 'Parsifal'", *Archiv für Musikwissenschaft* 40: 3 (1983): 191–192. Osthoffs Quelle ist R. Sternfelds Ausgabe von *Tagebuchblätter und Briefe an Mathilde Wesendonck 1853–1871*, Berlin, o. J., S. 91–93. In der Ausgabe von Kapp (1915) findet sich diese Stelle auf S. 128–9.

53 Richard Wagner, "Skizze zu 'Die Sieger'", in: *Nachgelassene Schriften und Dichtungen von Richard Wagner*, Leipzig: Breitkopf und Härtel, 21902, S. 177.

54 Cosima Wagner, *Die Tagebücher. Bd. 2 1878–1883*, hrsg. von Martin Gregor-Dellin. München, 1977, S. 1007 (27. 11. 1882).

55 Cosima Wagner, *Die Tagebücher*. Bd. 2, S. 659 (6. Jan. 1881).

56 Cosima Wagner, *Die Tagebücher. Bd. 1 1869–1877*, hrsg. von Martin Gregor-Dellin. München, 1976, S. 754 (22.

Nov. 1873). Wagner selber scheint allerdings, wie Schopenhauer, bis zum Ende seines Lebens den Buddhismus hoch geschätzt zu haben. So notierte Cosima am 1. Oktober 1882: "Den Buddhismus selbst erklärt er für eine Blüte des menschlichen Geistes, gegen welche das darauf Folgende Décadence sei, gegen welche wiederum auf dem Wege der Kompression das Christentum entstanden sei. Von einer außerordentlichen jugendlichen Kraft des menschlichen Geistes zeuge der Buddhismus, nicht unähnlich dem Zustand, in welchem die Sprache erfunden worden sei. Daß es keinen Zwang, irgend welchen gab, in Folge dessen keine Kirche; daß der Bruder wieder in die Welt treten konnte, wenn ihm das Klosterleben nicht mehr entsprach; kein Gottesdienst, nur Buße und gute Werke. Daher auch, bei dieser so glücklich mangelnden Organisation, waren sie von einer solch organisierten Macht wie dem Brahmanismus so leicht zu verdrängen. [...] Und des häufigen ruft er Buddha und Rousseau an; der eine, welcher nicht sagte, was er wußte von Anfang und Ende der Dinge, der andre, der nicht sagen konnte, was er innerlich geschaut." (Cosima Wagner, *Die Tagebücher*. Bd. 2, S. 1012).

57 Cosima Wagner, *Die Tagebücher*. Bd. 1, S. 755 (23. 11. 1873).

58 Richard Wagner, *Mein Leben*, hrsg. von Martin Gregor-Dellin. München: Piper, 1983, S. 541–2.

59 Richard Wagner, *Tagebuchblätter und Briefe an Mathilde Wesendonck 1853–1871*, hrsg. von R. Sternfeld. Berlin, o.J., S. 242.

60 Richard Wagner, "Skizze zu 'Die Sieger'" in: *Nachgelassene Schriften und Dichtungen von Richard Wagner*, Leipzig: Breitkopf und Härtel, 21902, S. 162.

61 Bauer und Forner (Hrsg.), *Richard Wagner. Sämtliche Briefe* Bd. 8, S. 250 (No. 150).

62 Carl Suneson, *Richard Wagner und die indische Geisteswelt*, Leiden: E. J. Brill, 1989.

63 Suneson 1989, S. 12.

64 Im Kapitel mit Titel "Der Buddhismus — persönlicher und künstlerischer Brennpunkt" (Suneson 1989, S. 20–44) wird eine Sicht des Buddhismus vertreten, wie sie nach dem Ende des letzten Jahrhunderts im Zuge einer positivistischen Begeisterung über die Entdeckung der "ursprünglichen Schriften" des Buddhismus herrschte. Neben einem völligen Missverständnis der schopenhauerschen Philosophie, die mit den üblichen Klischees von "Schwermut" und "nachtschwarzem Pessimismus" (S. 28) bis zum "schweren metaphysischen Nihilismus" traktiert wird (S. 29), vertritt Suneson eine Sicht, welche Hauptpunkte der früheren Meinung der Fachwelt zum Thema Schopenhauer und Buddhismus zusammenfassend wiedergibt.

« C'est ainsi que parla Bhagavat, et les Religieux transportés de joie approuvèrent ce que Bhagavat avait dit [1]. »

Le sujet que les extraits précédents ont fait connaître, touche de si près à la question de l'influence exercée par la prédication de Çâkya sur le système des castes, qu'on a vu déjà l'esprit brâhmanique reprocher à Çâkyamuni de chercher trop bas ses disciples. Un semblable reproche était inspiré, sans aucun doute, par le sentiment de l'orgueil blessé ; il en coûtait à la première caste de voir des hommes d'une basse extraction élevés au rang des ascètes qu'elle avait, légalement parlant, le privilége à peu près exclusif d'offrir aux hommages et à l'admiration de la multitude. L'expression de ce sentiment prouverait, s'il était encore besoin de le faire, quelles racines profondes la division du peuple en castes à jamais séparées avait jetées dans l'Inde, au moment où parut Çâkya. Pour nous, qui n'avons jamais mis un seul instant en doute l'antériorité du Brâhmanisme à l'égard du Buddhisme, les reproches que les Brâhmanes adressaient à Çâkya nous apprennent à la fois et comment ce dernier se conduisait en présence du principe absolu des castes, et comment ses adversaires accueillaient ses usurpations. Cette double instruction se trouve, sous une forme parfaitement claire, dans une légende que je vais analyser et dont je traduirai les parties les plus caractéristiques.

Un jour Ânanda le serviteur de Çâkyamuni, après avoir longtemps parcouru la campagne, rencontre une jeune fille Mâtangî, c'est-à-dire de la tribu des Tchândâlas, qui puisait de l'eau, et il lui demande à boire. Mais la jeune fille craignant de le souiller de son contact, l'avertit qu'elle est née dans la caste Mâtanga, et qu'il ne lui est pas permis d'approcher un Religieux. Ânanda lui répond alors : « Je ne te demande, ma sœur, ni ta caste ni ta « famille ; je te demande seulement de l'eau, si tu peux m'en donner [2]. » Prakrïti, c'est le nom de la jeune fille, qui suivant la légende était destinée à se convertir à la doctrine du Buddha, se sent aussitôt éprise d'amour pour Ânanda, et elle déclare à sa mère le désir qu'elle a de devenir sa femme. La mère, qui prévoit l'obstacle que doit mettre à cette union la différence des castes (car Ânanda était de la race militaire des Çâkyas et cousin du Buddha), la mère, dis-je, a recours à la magie pour attirer le Religieux dans sa maison, où l'attend Prakrïti parée de ses plus beaux habits. Ânanda en-

[1] *Avadâna çataka*, f. 16 a sqq. — [2] *Çârdûla karṇa*, dans *Divya avadâna*, f. 217 a.

Abb. 6: Anfang der Legende in Burnouf (1844), die Wagners buddhistischem Opernprojekt zugrunde lag.

Zeittafel zum Thema Wagner & Buddhismus

(besonders wichtige Daten zum Thema sind fett gedruckt)

1813/5/22	Geburt Wagners (abgekürzt W.) in Leipzig
1813/12	**Schopenhauers Begegnung mit dem Buddhismus**
1829/4	W. entscheidet sich durch *Fidelio*, Komponist zu werden
1833/1	W. schreibt Dichtung der *Feen*, erste erhaltene Oper
1834/6/10	W.'s erster Aufsatz, "Die deutsche Oper", erscheint
1834/10/10	W. wird Musikdirektor in Magdeburg
1836/3/29	*Liebesverbot* als *Die Novize von Palermo* uraufgeführt
1836/11/24	W. heiratet Minna Planer in Königsberg
1840/7/12	W. publiziert in Paris den Aufsatz "Über deutsche Musik"
1840/10/18	W.'s Aufsatz "Der Virtuos und der Künstler" erscheint in Paris
1840/11/19	Partitur des *Rienzi* abgeschlossen
1841/1/10	W.'s Aufsatz "Über die Ouvertüre" erscheint in Paris
1841/4/1	W.'s Aufsatz "Der Künstler und die Öffentlichkeit" erscheint
1841/11/19	Abschluss der Partitur des *Fliegenden Holländers*
1843/2/2	W. wird königlich sächsischer Hofkapellmeister
1845/4/13	Arbeiten an der Partitur des *Tannhäuser* abgeschlossen
1848/4/28	Vollendung der Partitur des *Lohengrin*
1848/10/4	erste Prosavorstudie zum *Ring*: *Die Nibelungensaga*
1849/1	Dramaentwurf *Jesus v. Nazareth*; Jesus als Sozialrevolutionär

1849/4/8	W.'s Aufsatz "Die Revolution" erscheint
1849/5/28	W. kommt erstmals nach Zürich, reist nach Paris weiter
1849/7	W. zurück in Zürich; Baumgartner bringt Schrift v. Feuerbach
1849/7	W. schreibt "Die Kunst und die Revolution"
1849/11/4	Schrift "Das Kunstwerk der Zukunft", Feuerbach gewidmet
1850/7	W. schreibt "Eine Mitteilung an meine Freunde"
1851/1	Umgang mit Georg Herwegh beginnt
1851/1/10	Urschrift "Oper und Drama" fertig; liest es 12 Abende lang vor
1851/11	In Albisbrunn Konzept vom *Ring* als vierteiliges Festspiel
1851/12	W. versucht mit Herwegh, Feuerbach nach Zürich zu holen
1852/2/17	W. trifft die Wesendoncks (Otto, 37 und Mathilde, 23 [die letztere abgekürzt als MW])
1852/12/18	W. liest bei der Familie Wille erstmals den *Ring des Nibelungen* vor
1853/5/18	erste "Wagner-Festspiele" in Zürich; Riesenerfolg
1854/9	W. lernt durch Herwegh Schopenhauers *Die Welt als Wille und Vorstellung* kennen
1854/9/26	Ende der Partiturreinschrift des *Rheingold*
1854/10	Ende Okt.: erste Ideen-Konzeption von *Tristan und Isolde*
1854/10/15	W. schwärmt von Schopenhauer; *Parerga und Paralipomena*
1854/12/9	W. schickt Schopenhauer die *Ring*-Dichtung
1854/12/16	W. schreibt erstmals über Schopenhauer; *Tristan*-Konzept

1854/12/30	Schopenhauer lehnt Einladung W.'s nach Zürich ab
1855/4	W. schwärmt in einem Brief über den Buddhismus
1855/6/7	W. über Heilige / Künstler, Willensverneinung, Buddhismus
1855/12/16	W. will von Schwager Brockhaus (Indologe) ein Werk über den Buddhismus
1855-1856	*Tristan* inhaltlich präzisiert; Buddhismus-Lektüre
1856/3	Wagner liest Burnoufs *Introduction à l'histoire du Buddhisme indien*
1856/3/23	Vollendung der *Walküre*-Partitur und Reinschrift
1856/4	Schopenhauer vergoldet seine Buddha-Statue
1856/5	"Buddhistische" Prosaskizzen zu *Ring*-Ende
1856/5/16	Erster Entwurf zu *Die Sieger* nach Vorlage von Burnouf
1856/6/6	Schopenhauer wird als Herold des Buddhaismus bezeichnet
1856/6/12	Brief an Liszt: der Sieg der Sieger: vollständigste Erlösung
1856/7/20	W. über *Die Sieger* und Tristan an Liszt
1856/8/23	W. schreibt an Röckel über *Tristan* und *Die Sieger*
1856/9/17	Schopenhauer: Herwegh studiere seinetwegen "Buddhaismus"
1856/10	W. erzählt Zürcher Freunden Tristan und Sieger-Entwürfe
1856/12/19	Übergang vom *Siegfried* zur Arbeit an *Tristan*; erste Musik zum *Tristan*
1857	Erste Vorlesungen über Schopenhauer in Bonn und Breslau
1857/1	"Asyl" neben Wesendonck-Villa wird als Wohnsitz W.'s erwogen

1857/1	Ausarbeitung der dichterischen Konzeption von *Die Sieger*. Rausch der Begier, Wälzen in Blumen
1857/4/28	Einzug ins "Asyl"; "*Parzival* concipirt"
1857/6/27	Arbeit am *Siegfried* abgebrochen; Ausführung *Tristan*-Projekt
1857/8/22	Wesendoncks beziehen ihre Villa "Wahlheim" in Zürich (jetzt Museum Rietberg)
1857/9/18	Tristangedicht vollendet und vorgelesen
1857/11/30	Wesendonck-Lieder *Engel, Träume, Schmerzen* komponiert
1857/12/31	Ende der Kompositionsskizze zum ersten Akt des *Tristan*
1858/7/6	Beginn der Orchesterskizze für den 2. Akt *Tristan*
1858/8/17	W. verlässt Zürich, eine Woche Genf, mit Ritter nach Venedig
1858/10/5	W. an MW: Buddhas gerechtfertigte Ausschliessung der Kunst
1858/10	Modifikation des *Sieger*-Projektes: neuer Heilsweg
1858/10	W. erhält Buddha-Statue; Köppens Buch über Buddhismus.
1858/12/1	W. erklärt MW den neuen Heilsweg
1859/2/22	W. an MW zum Buddhistischen Bettler-Ideal; Entsagung
1859/3/2	W. liest wieder viel Schopenhauer; "Ergänzungen & Berichtigungen"
1859/8/6	Vollendung der Partitur von *Tristan und Isolde* in Luzern
1860/8	W. an MW über Seelenwanderung, *Lohengrin, Sieger*
1862/11/7	Endgültiger Abschied v. Wagners Frau Minna
1864/3/26	Mariafeld: W. schreibt über Buddha—Luther— Indien—Deutschland

1865	Programm für Ludwig II setzt *Sieger* auf 1870, 1871 und 1873 an
1866/4/15	W. bezieht das Haus in Tribschen bei Luzern
1867/10/24	W. schliesst die Partitur der *Meistersinger* ab
1868/5	Neukonzeption von *Die Sieger*; "Nirvâna, Bramâ, Sansâra" Notiz
1868/5/31	W. sendet Burnoufs *Introduction* an König Ludwig
1868/8/19	Skizzenhafte Entwürfe zum Schauspiel "Luthers Hochzeit"
1868/11/8	W. trifft erstmals Nietzsche in Leipzig ; Gespräch über Schopenhauer
1868/11/19	Zurück zur *Siegfried*-Komposition, Diktat von *Mein Leben*
1869/6/27	Wagner über *Sieger*-Projekt als Stück (ohne Musik)
1869/12/24	Nietzsche als Gast in Tribschen; W. liest *Parzival*-Entwurf vor
1870	Musik gibt Geheimnis der Wiedergeburten wieder
1873/11/23	Cosima liest Köppen; *Sieger* & *Parzival*
1875/4/3	W. will *Parcival* und *Die Sieger* schaffen
1878/1/11	W. will nach dem *Parsifal* gleich die *Sieger* komponieren
1879/1/10	W. über Furchtbarkeit des Daseins, Buddha, Karma
1879/3/22	Will im Alter die *Sieger* dichten; komponieren mag dies dann Sohn Fidi
1880	"Religion und Kunst": Heilswege Buddhismus & Christentum
1881/1/6	W. will die *Sieger* noch komponieren. Thema Erlösung der Frau.
1881/10/6	W. liest wieder Burnouf

1882/9/18	W. liest Oldenbergs "Buddha, seine Lehre, seine Gemeinde"
1882/9/24	Oldenbergs Buch über den Buddhismus gefällt Wagner
1882/9/25	W. liest über den Buddhismus; spricht von Buddha
1882/9/26	Erzählt Wundervolles "von Buddha über Anfang und Ende"
1882/9/27	W. und Cosima "sprechen jetzt fast immer von Buddha"; Schwierigkeit mit Lotus, Mango
1882/9/28	W. erzählt eine Jātaka-Legende von Buddha
1882/9/29	W. diskutiert das Verhältnis von Christentum und Buddhismus
1882/9/30	W. über den Buddhismus, Ertötung der Begierde
1882/10/1	W. bezeichnet den Buddhismus als Blüte des menschlichen Geistes
1882/10/2	W. liest über den Buddhismus
1882/10/14	W. über Buddhismus, Kant, Idealität; Wahrheit vom Leiden
1882/10/20	W. zitiert oft die Weisheit des Buddha: "Nicht das Warum, noch von wo und wohin"
1883/2/11	In seinem letzten, unvollendeten Aufsatz erwähnt Wagner den Buddha und die Aufnahme von Frauen in seine Gemeinschaft

Literaturverzeichnis

Die aus der Sicht des Verfassers wichtigsten Publikationen zum Thema sind durch Kapitälchen (Name des Autors) gekennzeichnet. Einträge mit einem Asterisk waren zur Zeit der Verfassung des Textes noch nicht verfügbar bzw. einsehbar und wurden in dieser zweiten Auflage hinzugefügt.

Alsdorf, Ludwig, *Deutsch-Indische Geistesbeziehungen*. Heidelberg, 1942.

*App, Urs, "Schopenhauers Begegnung mit dem Buddhismus. *Schopenhauer-Jahrbuch* 79 (1998): 35–58.

*App, Urs. "Schopenhauer and China: A Sino-Platonic Love Affair." *Sino-Platonic Papers* 200, (2010): 1–160.

*Bassett, Peter, *Wagner's Parsifal: The Journey of a Soul*. Kent Town (South Australia): Wakefield Press, 2000.

Bauer , Hans-Joachim und Forner, Johannes, *Richard Wagner. Sämtliche Briefe*. Leipzig: VEB Deutscher Verlag für Musik, 1986.

*Borchmeyer, Dieter, "'...sehnsüchtig blicke ich oft nach dem Land Nirwana'... Richard Wagners buddhistisches Christentum". In: *wagnerspectrum* 2 (2007): 15–34.

Burnouf, Eugène, *Introduction à l'histoire du Buddhisme Indien*. Paris: Imprimerie Royale, 1844.

Dahlhaus, Carl, "Über den Schluss der Götterdämmerung". In: *Richard Wagner. Werk und Wirkung*. Regensburg, 1971.

Dauer, Dorothea W., "Richard Wagner's Art in Relation to Buddhist Thought". *Scripta Humanistica Kentuckiensia*. Supplement to the *Kentucky Foreign Language Quarterly* 7 (1964): 1–35.

Dauer, Dorothea W., *Schopenhauer as Transmitter of Buddhist Ideas*. Bern: Lang, 1969.

Duperron, Anquetil, *Oupnek'hat (id est, secretum tegendum)*. Zwei Bände. Strassburg: Levrault, 1801–2.

Erismann, Hans, *Richard Wagner in Zürich*. Zürich: Verlag Neue Zürcher Zeitung, 1987.

*Everett, Derrick, "Parsifal under the Bodhi Tree". *Wagner* 22 (2001): 67–92.

Fehr, Max, *Richard Wagners Schweizer Zeit* I-II. Aarau, 1934.

*Hartwich, Wolf-Daniel, "Auslöschung. Richard Wagner und die buddhistische Mythologie des Jenseits" In: *wagnerspectrum* 2 (2007): 85–96.

HECKEL, K., "Jesus von Nazareth — Buddha ('Die Sieger') Parsifal". *Bayreuther Blätter* (1891): 5–19.

Holtzmann, Adolf, *Indische Sagen*. Stuttgart, 1854.

Hübscher, Arthur, *Denker gegen den Strom. Schopenhauer: Gestern — Heute — Morgen*. Bonn: Bouvier Verlag Hermann Grundmann, 1973 (S. 286–291 über Schopenhauer und Wagner).

*Kienzle, Ulrike, *Das Weltüberwindungswerk: Wagners 'Parsifal', ein szenisch-musikalisches Gleichnis der Philosophie Arthur Schopenhauers*. Laaber: Laaber Verlag, 1992.

*Kienzle, Ulrike, " Tönendes Nirvāna. Von der musikalischen Aufhebung der Zeit in Wagners *Tristan* und *Parsifal*". In: *wagnerspectrum* 2 (2007): 35–53.

Koch, M., "Ausländische Stoffe und Einflüsse in Richard Wagners Dichtung". *Studien zur vergleichenden Literaturgeschichte* 3 (1903): 401–416.

Koeppen, Carl Friedrich, *Die Religion des Buddha und ihre Entstehung*. Berlin: Schneider, 1857.

LANCZKOWSKI, G., "Richard Wagner und Indien". In: Günther, H. O., *Indien und Deutschland*. Frankfurt a. M., 1956 (S. 23–44).

Lanczkowski, G., *Die Bedeutung des indischen Denkens für Richard Wagner und seinen Freundeskreis*. Marburg: unpublizierte Dissertation, 1948.

Lubac, Henri, *La rencontre du Bouddhisme et de l'occident*. Paris: Aubier, 1952.

Magee, Brian, *The Philosophy of Schopenhauer*. Oxford: Clarendon Press, 1983. (Appendix 4: A Note on Schopenhauer and Buddhism, S. 316-321 ; Appendix 6: Schopenhauer and Wagner, S. 327-378).

*Mertens, Volker, "'Göttliches Gangesland'. Die 'Indomanie' der Romantik und Richard Wagner". In: *wagnerspectrum* 2 (2007): 55–83.

Oldenberg, Hermann, *Buddha, sein Leben, seine Lehre, seine Gemeinde*. Berlin, 1881.

*Osten, Manfred von, "Richard Wagner als Buddhist". In: Karl Ridderbusch, *Richard-Wagner-Seefestspiele Haltern, Programmheft*. Haltern: Kulturamt, 1994, S. 41–48.

OSTHOFF, Wolfgang, "Richard Wagners Buddha-Projekt 'Die Sieger'. Seine ideellen und strukturellen Spuren in 'Ring' und 'Parsifal'". *Archiv für Musikwissenschaft* 40: 3 (1983): 189–211. Nachdruck: Zürich, Museum Rietberg, 1996.

*Panagl, Oswald, "Wege und Umwege eines musikdramatischen Entwurfs: 'Die Sieger' und 'Parsifal'. In: Wolfgang Wagner (Hrsg.), *Programm der Bayreuther Festspiele 1994*. Bayreuth: Bayreuther Festspiele, 1994: S. 88–96. Englische Übersetzung S. 97–104.

Parker, D. C., "Wagner und Buddha". *The Buddhist Review* Nr. 1 (1909): 184–191.

Schiefner, Franz Anton, "Eine tibetische Lebensbeschreibung Cakjamuni's, des Begründers des Buddhatums", *Mélanges Asiatiques tirés du Bulletin Historico-Philologique de l'Académie Imperiale des Sciences de St. Pétersbourg* 1: 4 (1851).

Schopenhauer, Arthur, *Der handschriftliche Nachlaß*. Herausg. von Arthur Hübscher. München: Deutscher Taschenbuch Verlag, 1985.

SCHWAB, Raymond, *La Renaissance orientale*. Paris, 1950 (für Wagner relevant: S. 459-466).

Sedlar, Jean W. *India in the Mind of Germany.* Washington, D.C.: University Press of America, 1982.

Slepčevic, Pero, *Buddhismus in der deutschen Literatur.* Wien, 1920.

SUNESON, Carl, *Richard Wagner und die indische Geisteswelt.* Leiden: E. J. Brill, 1989.

Wagner, Cosima, *Die Tagebücher.* Bd. 1 1869-1877;. Bd. 2 1878-1883. Hrsg. von Martin Gregor-Dellin. München, 1976–77.

Wagner, Richard, *Gesammelte Schriften und Dichtungen.* Leipzig: E. W. Fritzsch, 41907.

Wagner, Richard, "Skizze zu 'Die Sieger'". In: *Nachgelassene Schriften und Dichtungen von Richard Wagner.* Leipzig: Breitkopf und Härtel, 1902 (S. 161–162).

Wagner, Richard, *Das Braune Buch.* Hrsg. von Joachim Bergfeld. Zürich: Atlantis, 1975.

Wagner, Richard, Mein Leben. Hrsg. von Martin Gregor-Dellin. München: Piper, 1983.

Wagner, Richard, *Richard Wagner an Mathilde Wesendonk. Tagebuchblätter und Briefe 1853–1871.* Hrsg. von R. Sternfeld. Berlin, 1904.

Wagner, Richard, *Richard Wagner an Mathilde und Otto Wesendonk. Tagebuchblätter und Briefe 1853–1871.* Hrsg. von Julius Kapp. Leipzig: Hesse & Becker, o. J. (1915).

Waldschmidt, Ernst, "The Influence of Buddhism on German Philosophy and Poetry". *University of Ceylon Review* 21 (1963): 1–13.

Welbon, Guy Richard, *The Buddhist Nirvana and its Western Interpreters.* Chicago, 1968 (über Wagner und Buddhismus v. a. S. 171-184).

Wolzogen, Hans von, "Über Richard Wagners 'Sieger'". *Bayreuther Blätter* 48:4 (Weihnachten 1925): 165–173.

Register

A

B

71